당신의 옷자락으로 나를 덮으소서

로이 헷숀 지음 | 정 갑 중 옮김

기독교문서선교회

기독교문서선교회(Christian Literature Crusade: 약칭 **CLC**)는
1941년 영국 콜체스터에서 켄 아담스에 의해 시작되었으며
국제 본부는 영국의 쉐필드에 있습니다.
국제 CLC는 59개 나라에서 180개의 본부를 두고, 약 650여 명의
선교사들이 이동도서차량 40대를 이용하여 문서 보급에 힘쓰고 있으며
이메일 주문을 통해 130여 국으로 책을 공급하고 있습니다.
한국 CLC는 청교도적 복음주의 신학과 신앙서적을 출판하는
문서선교기관으로서, 한 영혼이라도 구원되길 소망하면서
주님이 오시는 그날까지 최선을 다할 것입니다.

Our Nearest Kinsman

by
Roy Hession

translated by
Ghapjoong Jung

Copyright © by Roy Hession Book Trust UK
Originally published in English under the title as
Our Nearest Kinsman
by Roy Hession
Translated and used by the permission of
The Roy Hession Book Trust, 3 Florence Road
BROMLEY, Kent BR1 3NU, England

All rights reserved

Korean Edition
Copyright © 2011 by Christian Literature Crusade
Seoul, Korea

당신의 옷자락으로 시녀를 덮으소서
당신은 우리 기업을 무를 자가 됨이니이다(룻 3:9).

로이 헷숀 저서

Calvary Road
We Would See Jesus
Be Filled Now
When I Saw Him
Our Nearest Kinsman
Forgatten Factors
From Shadow to Substance
My Calvary Road
Not I, But Christ
Good News for Bad People

추천사

황대우 박사
고신대학교 교수

이 책은 '룻기 설교집'이라고 할 수 있다. 저자는 이 용어 보다 '룻기 해설서' 내지는 '룻기 강해서'라는 말이 이 책에 더 잘 어울린다고 생각할지도 모르겠다. 두 용어 가운데 어떤 것이 더 적합한지를 판단하는 것은 어쩌면 독자들의 몫이 될 것이다.

저자는 이 책의 저술 동기를 아주 분명하게 밝히고 있다. 그것은 저자가 "이 룻기라는 책 속에 아주 특별한 구속과 부흥의 진리가 담겨져 있다"고 판단했기 때문이다. 그렇다면 독자들은 이 책을 읽는 동안 저자가 밝히려고 하는 "아주 특별한 구속과 부흥의 진리"가 무엇인지를 잊지 않고 생각할 필요가 있다. 또한 저자는 이 룻기를 군더더기 하나 없는 한편의 '완벽한 문학작품'으로 간주하는데, 그 이유를 다음과 같이 밝히고 있다.

> 이 책은 이야기의 전개에 있어서 필수적인 것 그리고 그것을 통해 우리가 들어야 하는 꼭 필요한 메시지 외에 불필요한 것들이 하나도 없는 꽉 짜여진 논설문이라는 것을 나는 발견했다. 이 말은 곧 아무리 짧은 구절이라도 의미가 없다고 무시할 그런 말이 없다는 뜻이다.

하지만 저자가 이렇게 생각한다고 해서 이 책이 단어 하나, 문맥 하나도 놓치지 않고 모두 세세하게 해설하는 책은 아니라는 사실을 독자들은 쉽게 발견할 수 있을 것이다. 이 사실은 책 두께만으로도 우리가 얼마든지 짐작할 수 있지 않겠는가. 그렇다고 해서 저자가 룻기를 곁눈질로 대충 보고 말한다는 뜻은 결코 아니다. 저자가 룻기에서 발견한 것은 '죄인을 구원하시는 삼위 하나님의 최상의 은혜로운 행동'이다. 저자의 눈에 룻기는 스스로 하나님의 곁을 떠나 자신의 인생을 망쳐버린 실패자를 하나님께서 어떻게 그 실패자의 인생을 끝내고 새로운 성공자의 인생을 살게 하시는가를 보여주는 최상의 드라마이다.

저자가 룻기를 통해 발견한 하나님은 결코 우리의 실패한 인생을 실패한 채 끝나도록 내버려두지 않으시는 구원자이시다. 그래서 저자는 이 책에서 끊임없이 우리의 구원자이신 예수 그리스도를 언급하고 있다. 왜냐하면 우리를 구원하시기 위해 우리의 삶에 개입하시는 예수 그리스도께서는 단지 "우리가 회개하는 죄만 용서하시는" 분이 아니라, "우리가 발을 들여놓은 그 상황을 모두 선한 것으로 역전시켜 놓으시는" 분이시기 때문이다.

이 책의 가장 큰 장점은 저자의 깊은 영적 통찰력을 통해 사사 시대의 룻기라는 과거의 드라마가 오늘 이 시대를 살아가는 우리의 현재 모습을 보여주는 선명한 거울이 된다는 사실에 있다. 이런 저자의 영적 통찰력 때문에 독자는 이 책에서 너무나도 자연스럽게 그리고 한순간에 과거가 현재로 바뀌는 놀라운 신비를 경험하게 될 것이다.

때론 독자들이 이 책을 읽는 동안 '이것은 너무 지나친 영해가 아닐까'하는 의구심이 드는 설명을 만날 수도 있을 것이다. 아마도 나는 그것이 분명 저자의 깊은 영적 통찰력에서 비롯된 결과일 것이라는 생각이 든다. 하지만 비록 그런 부분들이 간혹 있을지라도 이 책이 탁월한 룻기 설교집이라는 점에는 전혀 손색이 없다. 이 책을 저자의 『지금 충만을 받으라』라는 책의 부록이라 불러도 될 것 같다. 왜냐하면 이 책은 룻기를 실패한 자녀의 대표적인 인생 드라마로 보기 때문이다. 저자는 그 실패한 그리스도인이 성령의 충만을 받아 부흥이라는 인생 역전의 드라마를 수놓고 있는 것이 바로 룻기라고 보기 때문이다.

지금 이 시간 자신의 유익을 위해 스스로 하나님 곁을 떠나 영적인 방황을 경험하는 모든 분들에게 이 책은 말할 수 없는 위로와 은혜의 하나님께로 다시 돌아갈 수 있는 희망과 용기를 선사해 줄 것이다. 독자 여러분 모두 이 책을 통해 영적으로 실패한 인생이 놀라운 반전을 경험하게 되는 구원역사 드라마의 주인공들이 되시기를 간절히 바란다.

저자 서문

나는 개인적인 필요에 의해 룻기를 다시 한번 연구해 보게 되었다. 그리고 그런 동기가 내게는 언제나 성경에 접근하는 가장 좋은 관문이 된다. 언젠가 내가 영적으로 침체되었다고 느끼고 있을 때 음악을 들은 적이 있었다. 그 가사와 합창곡은 전에 한번도 들어본 적이 없는 것들이었다.

> 나를 덮으소서. 나를 덮으소서.
> 당신의 옷자락으로 나를 덮어주소서.
> 당신은 나의 기업 무를 자가 됨이니이다.
> 나를 덮으소서. 나를 덮으소서. 나를 덮으소서.

이 가사는 물론 룻이 보아스에게 한 말에서 나온 것이었다.

"당신의 옷자락으로 나를 덮으소서. 당신은 우리 기업을 무를 자가 됨이니이다." 나는 그 곡을 듣는 동안 은혜를 받았다. 나 역시 룻처럼 가난에 찌든 그런 그리스도인임을 깨닫게 되었고, 내가 지금 처해있는 빈곤으로부터 속량할 권리가 있는 나의 기업 무를 자이신 나의 예수님, 나의 보아스가 계심을 보게 되었다. 그리고 룻이 보아스에게 한 말 그대로 나도 기도하게 되었다. 나의 곤경을 고백했고 그분의 실족한 종을 주님의 옷자락으로 덮으셔서 나를 취하시고 속량해 주시기를 구했다. 그리고 주님은 바로 그날 나를 위해 그렇게 하셨다.

그날 이후 나는 그 합창곡을 부를 때마다, "나를 덮으소서. 당신의 옷자락으로"라는 가사는 내게 특별한 의미를 항상 던져준다. 나의 심령에 뭔가 냉랭함을 느낄 때마다 나는 그 은혜의 옷자락이 내게까지 펼쳐져 있는지 생각하게 되었다. 하지만 나는 염려할 필요가 없었다. 왜냐하면 그 옷자락은 얼마든지 펼쳐지는 천으로 되어있으며 하나님의 은혜는 그 속성상 그 어떠한 빈곤의 때와 범죄 속에서도 나를 덮어주신다는 것을 깨달았기 때문이다. 바로 이것이 찰스 웨슬리(Charles Wesley)가 보았던 하나님의 사랑이었다.

그 옷자락 한없이 넓어 그 누구도 놓치지 않네,

나를 결코 놓치지 않네.

그래서 나는 이 말씀이 나오는 룻기를 다시 한번 묵상해 보기로 했다. 이 조그만 책 속에 얼마나 많은 감동적인 이야기가 들어있던지! 그 이야기가 나 자신의 마음을 움직였던 것처럼 이 책을 읽는 독자들의 마음도 움직이게 되기를 바란다. 그리고 그들 역시 "우리의 기업 무를 자"이신 예수님에 대한 새로운 시각이 열리게 되기를 기도한다.

이 룻기에 대해 꽤 잘 알고 있다고 생각하는 사람들까지도 이 책을 대체로 감상적인 시각의 피상적 지식만으로 알고 있으며, 그 속에 있는 메시지를 이해하는데 필수적인 보다 섬세하고 미묘한 부분들을 놓치고 있다는 것은 정말 놀라지 않을 수 없는 일이다. 내가 이 책을 다시 연구하기 전까지만 해도 나 역시 그러했다. 이 책은 이야기의 전개에 있어서 필수적인 것 그리고 그것을 통해 우리가 들어야 하는 꼭 필요한 메시지 외에 불필요한 것들이 하나도 없는 꽉 짜여진 논설문이라는 것을 나는 발견했다. 이 말은 곧 아무리 짧은 구절이라도 의미가 없다고 무시할 그런 말이 없다는 뜻이다. 그래서 나는 독자들에게 해당되는 성경의 본문(각장의 시작부에 표시된)들을 틈틈이 읽어서 이야기의 구체적인 부분들이 머릿속에 잘 떠오르도록 하기를 바란다. 그리고 내가 흠정역에서 개인적으로 발견한 부분 외에 뜻이 애매한 문장들은 좀 더 최근에 번역된 성경들을 참조해 보기를 바란다.

그리고 참고로 1장의 시작부에 룻기가 바탕을 두고 있는 모세 율법의 두 본문들을 명시해 놓았다.

1976년 영국 런던에서
로이 헷손

역자 서문

널리 알려진 서양 속담에 'Human errs, God forgives'란 말이 있다. 인간은 잘못을 저지르는 존재이며 하나님은 용서하시는 분이시다는 말이다. 남들이 저지르는 잘못을 보면서 나만은 결코 저런 짓을 하지 않을 것이라고 하던 자신이 세월이 가면서 오히려 남보다 더 죄에 빠른 모습을 보며, 이 속담이 정말 인간과 하나님을 단적으로 잘 표현하는 말이구나 하는 생각이 들곤 한다. 하지만 문제는 나의 죄는 회개하면 주님이 기억치 않으시고 눈처럼 희게 씻어 주시지만, 그 죄의 결과가 남아 있는 것을 볼 때마다 사죄의 기쁨은 사라지고 그 결과의 비참함으로 인해 용서받은 죄까지 거듭 회개하는 자신을 보게 된다. 차라리 죄의 용서 대신 어떤 형벌을 받더라도 죄의 결과를 원래처럼 되돌려 놓을 수만 있다면 하는 생각마저 들 때가 있다. 주님께서 말씀하신 회개에 합당한 열매를 맺어야 할 우리가 몸부림치면 칠수록 의의 열매는 커녕 더 많은 죄의 열매를 맺는 것을 보면서 죄의 결과에 속수무책인 율법 아래 갇힌 소망 없는 육신에 절망하게 된다.

첫 사람 아담이 저지른 죄의 결과는 우리로 하여금 낙원을 잃게 하였고 죽음의 운명 아래 놓이게 했다. 하지만 긍휼에 풍성하신 하나님은 이 죄의 결과를 그냥 방치해 두지 않으시고 둘째 사람 아담이신 예수 그리스도를 통하여 새 하늘과 새 땅, 에덴과는 비교할 수 없는 그의 영원한 낙원을 우리에게 주셨고 또 죽음이 지배할 수 없는 하늘에 속한 영광스런 신령한 새 사람으로 우리를 회복시켜 주셨다. 내 죄는 주님을 십자가에 피 흘려 죽게 하는 결과를 낳았지만 그리스도께서는 그 보배로운 피의 능력으로 그 죄의 결과를 그 죄 이전보다 훨씬 더 나은 영광스런 부활로 그와 연합된 우리를 위하여 회복을 이루셨다. 이 얼마나 놀라운 회복인가. 이 십자가를 묵상할 때마다 가슴이 벅차오는 것은 오직 죄의 어두운 밤을 통과해 본 하나님의 자녀들만이 누리는 행복이다. 죄가 쓸고 간 폐허 속에서 회복의 명수이신 하늘의 토기장이께서는 그 죄의 결과를 한 줌의 진흙으로 사용하셔서 그 죄 이전보다 훨씬 더 아름다운 것들을 우리 삶 속에서 창조하시니 죄인들의 찬양을 받으시기에 영원히 합당한 분이 아니신가.

이 책은 우리 인생의 시험의 때에 실족하여 죄의 길로 발을 옮긴 하나님의 한 가정이 겪는 불행을 소개하면서 그로 인해 하나님께서 그 죄와 죄의 결과들을 어떻게 그리스도를 통하여 아름답게 회복을 이루어 가시는지를 노래하고 있다. 이 시간 자신의 죄로 인한 결과로 애통하면서 사유의 기쁨을 누리지 못하는 하나님의 백성들이 혹 있다면 이 보잘 것 없는 작은 책을 통해 그리스도의 십자가와 그의 보혈이 주는 회복을 믿음으로 바라보면서 위로 받으며, 또 나아가 눈물 골짜기를 통행하는 동안 소성케 하시는 주님의 회복의 샘들을 곳곳에서 체험하는 복된 순례 여정을 누리는데 이 책이 작은 길잡이가 되기를 바란다.

그 동안 바쁘신 가운데서도 나의 원고를 성실히 감수해 주시고 추천사로 나의 미흡한 글들을 후원해주신 고신대학교 황대우 교수님께 지면을 빌어 감사드린다. 그리고 글을 다듬어 주신 전은진, 김형랑, 권경호 님의 신실하신 배려에 감사드리며, 특별히 기약 없는 나의 일정 속에서 원고를 쓸 수 있도록 격려해 주신 나의 조카이자 기도의 아들 정인우 님과 룻과 같이 착한 나의 여동생 정영희 님 그리고 지혜로우신 전도자 나의 어머니 염동순 권사님께 감사와 사랑을 드린다. 끝으로 부족한 나의 졸고를 책이 되게 해주신 기독교문서선교회(CLC) 가족들의 인내와 노고에 깊은 감사를 전하고 싶다.

부산 구덕산 기슭 캠퍼스에서
정갑중 識

목 차

추천사(황대우 박사) · 7
저자 서문 · 11
역자 서문 · 15

1장 룻기에 나타난 구속과 부흥 · 21
2장 구약의 "탕녀" 나오미 · 31
3장 가까운 친척 보아스 · 67
4장 보아스의 밭에서 이삭 줍는 룻 · 91
5장 보아스의 발치에 누운 룻 · 117
6장 보아스와 그보다 더 가까운 친척 · 141
7장 해피 엔딩 · 163

Our Nearest Kinsman

당신의
옷자락으로
나를 덮으소서

1장
룻기에 나타난 구속과 부흥

* * *

토지를 영영히 팔지 말 것은 토지는 다 내 것임이라. 너희는 나그네요 우거하는 자로서 나와 함께 있느니라. 너희 기업의 온 땅에서 그 토지 무르기를 허락할찌니, 만일 너희 형제가 가난하여 그 기업 얼마를 팔았으면 그 근족이 와서 동족이 판 것을 무를 것이요(레 25:23-25).

형제가 동거하는데 그 중 하나가 죽고 아들이 없거든 그 죽은 자의 아내는 나가서 타인에게 시집가지 말 것이요, 그 남편의 형제가 그에게로 들어가서 그를 취하여 아내를 삼아 그의 남편의 형제 된 의무를 그에게 다 행할 것이요, 그 여인의 낳은 첫 아들로 그 죽은 형제의 후사를 잇게 하여 그 이름을 이스라엘 중에서 끊어지지 않게 할 것이니라. 그러나 그 사람이 만일 그 형제의 아내 취하기를 즐겨 하지 아니하거든 그 형제의 아내는 성문 장로들에게로 나아가서 말하기를, "내 남편의 형제가 그 형제의 이름을 이스라엘 중에 잇기를 싫어하여 남편의 형제 된 의무를 내게 행치 아니 하나이다" 할 것이요, 그 성읍 장로들은 그를 불러다가 이를 것이요. 그가 이미 정한 뜻대로 말하기를, "내가 그 여자 취하기를 즐겨 아니 하노라"하거든 그 형제의 아내가 장로들 앞에서 그에게 나아가서 그의 발에서 신을 벗기고 그 얼굴에 침을 뱉으며 이르기를, "그 형제의 집 세우기를 즐겨 아니 하는 자에게는 이같이 할 것이라" 할 것이며, 이스라엘 중에서 그의 이름을 신 벗기운 자의 집이라 칭할 것이니라(신 25:5-10).

* * *

저자는 이 네 장 밖에 안 되는 매혹적인 책을 연구하면서, 그것이 구속이라는 위대한 주제를 다루고 있는 긴 서사시임을 발견하게 되었다. 왜냐하면 거기에 나오는 이야기가 전부 그 옛날 모세의 율법에 바탕을 두고 있기 때문이다. 그 율법에 보면 사람이 가난으로 인해 가족의 기업을 팔게 되면 그의 근족이 그 토지를 도로 사서 그를 위해 돌려주게 된다. 토지의 매매에 있어서 모든 거래는 그러한 조건들이 있음을 사람들은 모두 잘 알고 있다. 토지는 그 소유인의 근족이 그것을 도로 무를 수 있을 경우, 판 땅을 그 형제를 위해 다시 살 권리를 단서로 항상 매매가 이루어지게 되며, 매입자가 그것을 거절

할 수 없는 것이다.

이 권리는 토지를 되찾는 것에 국한되지 않고 사람의 속량에도 적용된다. 레위기 25:47-48에 보면, 사람이 토지뿐만 아니라 자기 자신까지도 다른 사람의 종으로 팔아야 하는 상황을 보여준다. 아마도 빚을 갚기 위해서 일 것이다. 이런 일이 일어난다 하더라도, "팔린 후에 그를 속량할 수 있나니 그 형제 중의 하나가 속하거나"라고 본문은 말한다.

희년이라 불리는 매 오십 년마다 모든 토지는 어떤 경우를 막론하고 원래 소유자에게 되돌려 주어야 하며, 종들도 풀려나 자기 가족에게 돌아간다(레 25:8-17). 이 큰 축제의 해가 되면, 나팔을 불며 온 나라에 자유가 선포된다(레 25:10). "너희는 각각 그 기업으로 돌아가며, 각각 그 가족으로 돌아갈찌니라." 하지만 오십 년이란 세월은 기다리기에는 너무 긴 시간이어서 어떤 사람들은 다가올 희년을 볼 만큼 살지 못해 그 토지를 되돌려 받지 못하거나, 그 가족에게 돌아가지 못할 수도 있는 것이다. 그래서 근족이 대신 속량할 수 있는 권리를 보장하는 은혜로운 법항을 성문서에 명시함으로써 희년이 되기 전에도 되찾거나 풀려날 수 있는 희망을 제공받게 된다.

이러한 근족을 특별히 히브리어로 **고엘**이라 부르며, 룻기에서는 '기업 무를 자'라고 번역되어 있다. 하지만 구약의 다른 곳에서는 보통 '구속자'라고 부른다. 그래서 여러분이 구약에서 이 단어를 보게 되면, 그것은 주로 하나님을 일컫는 말이며, 거의 모든 경우 그 단어가 **고엘**이라고 생각해도 된다. 그리고 그 속에는 이와 같은 긍휼이 내포되어 있는 것이다.

이보다 더 중요한 것은 모세의 율법에서는, 남자가 후사가 없이 죽으면 그의 형제가 그 과부를 아내로 맞이하여 그 형제를 위하여 혈육을 낳아 길러야 하는 의무가 있으며, 또한 그 씨가 그 형제의 이름과 기업을 취하는 것이다. 이러한 규정이 없다면 여호수아가 처음 지파에게 할당해 준 토지는 그 주인을 잃게 되며, 결국 그 가족은 소멸되고 말 것이다. 신명기 25:5-10에 정해져 있는 이 법은 그 의무가 죽은 자의 형제에게만 주어진다. 그러나 룻기의 이야기가 전개되는 과정에서 볼 수 있듯이 그가 형제만큼 가까운 사이든 아니든, **고엘** 곧 그의 가장 가까운 친척이 그 속량의 의무를 감당하도록 취급되어 왔다.

룻기는 이러한 모세의 두 긍휼의 법에 근거한 이야기이며, 이 법이 어떻게 성경에서 실제로 적용되는지를 가장 잘 보여주는 경우라 하겠다. 그리고 정말 아름다운 이야기이기도 하다! 그리고 룻이 보아스에게 말하고 있는 룻기 3:9은 아마도 이 책의 핵심이라 할 수 있는 요절이다. "나는 당신의 시녀 룻이오니 당신의 옷자락으로 시녀를 덮으소서. 당신은 우리 기업을 무를 자가 됨이니이다." 여기서 그는 **고엘**을 가리킨다. 그 밤에 타작마당에서 그녀가 그의 옷자락으로 덮어달라고 간청하는 것은 천박한 행동이 아니다. 그것은 일종의 상징적 행동으로서, 그가 그녀의 잃어버린 가족의 기업을 속량하고, 그녀를 그의 아내로 취할 **고엘**로서의 권리를 이행할 것을 요구하고 있는 것이다. 곤궁하고 빈한한 룻은 여호와의 이 법에 의지하여 간청했으며, 주님은 아니 보아스는 그녀를 실망시키지 않았다.

여기서 구속이란 성부, 성자, 성령께서 온 힘을 기울여 하시는 하나님의 최상의 은혜 행위이다. 하나님의 주된 활동에는 두 가지가 있다. 그 하나는 창조였으며, 그다음 하나는 구속, 즉 과거와 현재의 구속이다. 첫 번째 활동, 즉 창조의 결과는 모두 그릇되었다. 사탄이 들어와 망쳐놓은 것이다. 하지만 하나님은 절망하지 않으시고, 그분은 "그것으로 자기 의견에 선한 대로 다른 그릇을 만드셨다"(렘 18:4). 그리고 그것이 곧 구속인 것이다. 창조는 그분의 말씀으로만 이루어졌지만, 구속은 그분께서 피를 흘리셔야 했다. 그리고 그분은 기꺼이 그렇게 하셨다. 그것을 이루기 위해서는 너무나 큰 대가를 지불하셔야 했지만 말이다. 그분 편에서는 전적인 은혜로 인한 것이다. 어떤 사전에서는 이 은혜를 '권리라고 주장할 수 없는 특권'이라고 정의하고 있다. 인간은 이 구속을 기대할 권리가 없지만, 하나님께서는 개입하셔서 그것을 이루셨고, 천사들도 흠모하는 일이다.

우리는 대체로 이 구속을 에베소서 1:7에서 말하는 것처럼 죄 사함과 동일한 것으로 여긴다. "그의 피로 말미암아 구속, 곧 죄 사함을 받았으니." 감사하게도, 이 구속에는 그런 뜻을 포함하고 있다. 그러나 여러분이 신약의 단어 '구속'에다가 그것이 근거를 두고 있는 구약의 상관성을 도입하면, 단순히 죄를 사한다는 뜻보다 훨씬 더 깊은 뜻이 있음을 발견하게 된다. 구속이란 하나님의 은혜의 행위로서 인간의 죄를 사하는 것뿐만 아니라, 그 죄로 인해 야기된 모든 손실들을 만회하며 역전시키는 것을 말한다.

우리의 어리석음과 죄 그리고 교만으로 인해 얼마나 많은 손실을 우리가 겪는가! 우리는 축복의 시간을 상실한다. "내가 처음 주님을 만났을 때 누렸던 축복은 지금 어디에 있는가?" 가정과 교회 그리고 바깥세상에서 남들과의 행복한 관계를 잃게 되며, 그들로 하여금 등을 돌리게 만든다. 우리는 자기 의지 때문에 실수를 저지르며, 그릇된 선택을 하며, 그 결과 암울하고 복잡한 상황 속으로 우리 스스로를 몰아넣는다.

하지만 하나님은 우리의 실패를 절대로 실패로 끝내지 않으신다! 예수 그리스도는 그 망쳐버린 상황이 단 하루가 되든 우리의 반평생이 되든, 그 실패자와 실패한 상황의 구속자가 되신다. 그가 구속하시기 위해 개입하시면, 우리가 회개하는 죄만 용서하실 뿐만 아니라, 우리가 발을 들여놓은 그 상황을 모두 선한 것으로 역전시켜 놓으신다. 그렇다. 그가 이러한 일을 시작하시면 그것을 멋지게 이루신다. 때로는 죄인이 상실한 것보다 훨씬 더 돌려주심으로써, 회개하는 죄인이 끝없이 자신을 탓하지 않도록 하시며, 그같이 비참한 실패자를 위해 은혜가 이루어 주는 모든 것들로 인해 우리로 하여금 정신없이 경이로움으로 사랑과 찬양에 빠지게 하신다. 아, 얼마나 위대하고 놀라운 구속의 하나님이신가!

내가 알고 있는 보다 넓은 뜻의 이 구속(redemption)이란 말은 같은 어두 're'로 시작하는 또 다른 위대한 단어인 부흥(revival)이 지니고 있는 뜻과 크게 다르지 않다. 이 're'는 '다시'라는 뜻을 의미하는 라틴어의 접두사이다. 그 접두사로 시작되는 성경에 나오는 단어들은 나의 눈을 사로잡는다. 왜냐하면 그것들은 언제나 하나님의 은혜에 관한 것들을 가리키기 때문이다. 예를 들면, 회복하다(restoring), 새롭게 하다(renewing), 거듭나다(regenerating), 부흥하다(reviving)처럼 말이다. 그것은 인간이 망쳐놓은 것을 하나님이 다시 뭔가 새롭게 하시는 것을 뜻한다. 찰스 피니(Charles G. Finney)는 부흥이란 일련의 새로운 시작들을 뜻한다고 말한다. 하나님이 다시 이루시고, 또 망치면 또 다시 이루시는 것이다.

이 룻기의 책 속에는 아주 특별한 구속과 부흥의 진리가 그 속에 담겨져 있다. 몇 줄의 상황 설명과 함께 익숙한 이야기가 펼쳐지고 있다. 이제 한번 읽어보자.

Our Nearest Kinsman

당신의
옷자락으로
나를 덮으소서

2장
구약의 "탕녀" 나오미

"내가 풍족하게 나갔더니,
여호와께서 나로 비어 돌아오게 하셨느니라."

* * *

사사들이 치리하던 때에 그 땅에 흉년이 드니라. 유다 베들레헴에 한 사람이 그 아내와 두 아들을 데리고 모압 지방에 가서 우거하였는데, 그 사람의 이름은 엘리멜렉이요, 그 아내의 이름은 나오미요, 그 두 아들의 이름은 말론과 기룐이니, 유다 베들레헴 에브랏 사람이더라. 그들이 모압 지방에 들어가서 거기 유하더니 나오미의 남편 엘리멜렉이 죽고 나오미와 그 두 아들이 남았으며, 그들은 모압 여인 중에서 아내를 취하였는데 하나의 이름은 오르바요, 하나의 이름은 룻이더라. 거기 거한 지 십 년 즈음에 말론과 기룐 두 사람이 다 죽고 그 여인은 두 아들과 남편 뒤에 남았더라.

그가 모압 지방에 있어서 여호와께서 자기 백성을 권고하사 그들에게 양식을 주셨다 함을 들었으므로, 이에 두 자부와 함께 일어나 모압 지방에서 돌아오려 하여 있던 곳을 떠나고, 두 자부도 그와 함께 하여 유다 땅으로 돌아오려고 길을 행하다가, 나오미가 두 자부에게 이르되 "너희는 각각 어미의 집으로 돌아가라. 너희가 죽은 자와 나를 선대한 것 같이 여호와께서 너희를 선대하시기를 원하며, 여호와께서 너희로 각각 남편의 집에서 평안함을 얻게 하시기를 원하노라"하고 그들에게 입 맞추매, 그들이 소리를 높여 울며 나오미에게 이르되 "아니니이다. 우리는 어머니와 함께 어머니의 백성에게로 돌아가겠나이다." 나오미가 가로되, "내 딸들아. 돌아가라. 너희가 어찌 나와 함께 가려느냐. 나의 태중에 너희 남편될 아들들이 오히려 있느냐? 내 딸들아, 돌이켜 너희 길로 가라. 나는 늙었으니 남편을 두지 못할찌라. 가령 내가 소망이 있다고 말한다든지 오늘 밤에 남편을 두어서 아들들을 생산한다고 하자. 너희가 어찌 그것을 인하여 그들의 자라기를 기다리겠느냐? 어찌 그것을 인하여 남편 두기를 멈추겠느냐. 내 딸들아, 그렇지 아니하니라. 여호와의 손이 나를 치셨으므로 나는 너희로 인하여 더욱 마음이 아프다." 그들이 소리를 높여 다시 울더니 오르바는 그 시모에게 입 맞추되 룻은 그를 붙좇았더라.

나오미가 또 가로되, "보라. 네 동서는 그 백성과 그 신에게로 돌아가나니 너도 동서를 따라 돌아가라." 룻이 가로되, "나로 어머니를 떠나며 어머니를 따르지 말고 돌아가라 강권하지 마옵소서. 어머니께서 가시는 곳에 나도 가고, 어머니께서 유숙하시는 곳에서 나도 유숙하겠나이다. 어머니의 백성이 나의 백성이 되고, 어머니의 하나님이 나의 하나님이 되시리니, 어머니께서 죽으시는 곳에서 나도 죽어 거기 장사될 것이라. 만일 내가 죽는 일 외에 어머니와 떠나면 여호와께서 내게 벌을 내리시고 더 내리시기를 원하나이다." 나오미가 룻의 자기와 함께 가기로 굳게 결심함을 보고 그에게 말하기를 그치니라.

이에 두 사람이 행하여 베들레헴에 이르니라. 베들레헴에 이를 때에 온 성읍이 그들을 인하여 떠들며 이르기를, "이가 나오미냐?" 하는지라. 나오미가 그들에게 이르되 "나를 나오미라 칭하지 말고 마라라 칭하라. 이는 전능자가 나를 심히 괴롭게 하셨음이니라. 내가 풍족하게 나갔더니 여호와께서 나로 비어 돌아오게 하셨느니라. 여호와께서 나를 징벌하셨고, 전능자가 나를 괴롭게 하셨거늘, 너희가 어찌 나를 나오미라 칭하느뇨?" 하니라. 나오미가 모압 지방에서 그 자부 모압 여인 룻과 함께 돌아왔는데 그들이 보리 추수 시작할 때에 베들레헴이 이르렀더라(룻 1:1-22).

* * *

룻기의 첫 장은 매우 중요하다. 설교자라면 누구나 청중들에게 갈증을 느끼도록 자극함으로 말씀을 시작해야 한다는 것을 잘 알고, 또 알아야만 한다. 너무 빨리 메시지의 긍정적인 쪽으로 치달려서는 안 될 것이다. 청중들이 느끼는 그 갈증이 그가 말하게 될 내용에 의해서만 해소될 것이라는 확신을 설교자가 주어야 한다. 그래서 우리가 룻기에 나타난 구속이란 주제에 접근하기 전에, 먼저 구속자를 필요로 하는 상실과 곤란에 관한 이야기부터 한번 살펴보아야 할 것이다. 그리고 이 첫 장이 바로 그 이야기를 소개하고 있다. 이 책의 제목은 룻이지만, 이 첫 장의 중심인물은 나오미이며, 구약에 등장하는 탕녀라 해도 될 법하다. 우리가 이 이야기를 더듬어 가보면, 신약에서 우리 주님이 말씀하신 비유 속의 탕자와 그녀 사이에 몇 가지 유사한 점이 있음을 외면할 수 없다. 탕자가 돌아오면서 나오미처럼 똑같은 말을 했을 것이다. "내가 풍족하게 나갔더니, 여호와께서 나로 비어 돌아오게 하셨느니라." 하지만 그는 결코 빈손으로 머물지 않았으며, 나오미 역시 그러했다. 룻기의 이어지는 장 속에서 그것들이 펼쳐지게 된다.

먼저 우리는 이스라엘의 행복한 한 가정을 볼 수 있다. 그 가장의 이름은 엘리멜렉으로 히브리어로는 '하나님은 왕이시다'라는 뜻이다. 그들은 베들레헴이라는 작은 마을에서 살았으며, 그 뜻은 '떡집'이며, 그것은 분명 그 마을의 특징을 묘사하기 때문에 그렇게 불려졌을 것이다. 그곳은 농촌 지역으로 땅이 비옥하고, 그들은 부족함이 없었던 것이다. 그 아내의 이름은 나오미로서, 히브리어로는 '희락'을 뜻하며, 그런 환경에 딱 어울리는 이름이다. 그들 사이에 두 아들을 두었는데, 그 이름은 말론과 기룐이다. 히브리어 학자들 사이에는 이 두 이름이 뜻하는 바에 의견의 차이가 있지만, 나는 전하고자 하는 메시지와 가장 근접한 뜻을 택하고자 한다. 내가 참조한 기록에 보면, 말론은 '노래'를 뜻하고, 기론은 '완전하다'라는 말을 뜻한다. 만약 우리가 이 이름들이 어떤 의미에서 그들이 속한 상황을 묘사하고 있다고 생각한다면, 이 가정은 얼마나 아름다운 가정인가! 하나님은 그들의 왕이시고, 그들은 떡집에서 살며, 그들의 삶은 즐겁고, 그들의 입술에는 때를 따라 노래가 가득하며, 이 모두와 더불어 그들은 완전함을 누리고 있는 것이다!

여러분의 눈에 이러한 모습이 매력적으로 보이든 아니든, 그것은 그리스도 안의 삶이 바로 이러한 것이라는 그림을 우리에게 제시해주고 있는 것임에는 분명하다. 우리가 주 예수를 알게 되면, 하나님은 우리의 왕이 되셔서 모든 것들을 주관하시기를 원하신다. 그분이 그렇게 하시면, 우리는 떡집에 살게 된다. "내게 오는 자는 결코 주리지 아니할 터이요, 나를 믿는 자는 영원히 목마르지 아니하리라"(요 6:35)라고 예수께서 말씀하신 것처럼 말이다. 그리고 이 말씀은 참된 만족을 의미한다. 이러한 삶을 우리가 누릴 때 그것을 '즐거움'이라고 부를 수 있는 것이다. 성경은 지혜를 일컬어 말하고 있지 않은가. "그 길은 즐거운 길이요, 그 첩경은 다 평강이니라"(잠 3:17). 이 말은 우리에게 모든 일이 항상 잘 되어간다는 뜻이 아니라, 우리의 심령이 평화롭고 행복하다는 뜻이다. 우리의 삶이 우리의 필요를 채워주시는 주님께 찬양의 노래를 부르는 말론의 체험이며, 그리스도 안의 삶이 완전하고 충만한 기룐의 체험이라는 말이다. 이러한 삶이 곧 하나님께서 왕으로 우리를 다스리시도록 내어드릴 때, 그분이 의도하신 삶인 것이다.

하지만, 이 이야기 속에서 우리는 그 땅, 특히 유다 베들레헴 땅에 기근이 찾아왔다는 것을 본다. 아마도 비가 와야 할 때에 오지 않았고, 그것도 일 년이 아니라 수년 동안 오지 않았을 것이다. 그 결과 흉년이 들었고, 그 지경에는 심한 기근이 찾아왔다. 어떻게 '떡집'에 흉년이 찾아올 수 있는가? 있을 수 없는 일이 일어난 것이다. 그것은 사람들의 기대와는 정반대로, 베들레헴이라는 이름을 전적으로 부정하는 일이었다.

하나님께서 약속의 땅에 대하여 그곳은 젖과 꿀이 흐르며, 그의 백성들이 궁핍함이 없이 떡을 먹게 될 것이라고 말씀하지 않았던가? 그렇다. 주님은 그렇게 말씀하셨다. 그러나 그분은 여러 곳에서 만약 자기 이름으로 일컫는 자기 백성이 그에게서 떠나 다른 신들을 섬기며, 그의 법도를 어기며, 회개하기를 꺼려하면, 그분은 하는 수 없이 하늘을 닫고, 비를 내리지 아니하며, 메뚜기로 그 토산을 먹게 하실 뿐만 아니라, 염병으로 자기 백성 가운데 유행하게 하시겠다고 말씀하셨다(대하 7:13-14).

애석하게도 이러한 모습은 그리스도인의 삶 속에서도 때로 일어난다. 그렇다. 그에게는 젖과 꿀이 흐르는 땅이다. 하지만 만약 그가 어떤 일에서건 자기의 주되신 하나님을 떠나 하나님께서 친히 주시는 각성의 말씀에 주의하지 않으면, 그분은 때로 그 성도를 돌이키시기 위해 위로 하늘을 닫고 비를 내리지 않으실 수밖에 없게 된다. 새롭게 하시는 성령님의 행하심을 그는 더 이상 심령 속에서 느끼지 못하며, 성경은 죽은 것이 되고, 기도는 공허해진다. 그리고 증인된 삶과 사역은 잡일이 되어버리고, 은혜로운 간증은 사라지고 만다. 우리의 영혼 속에 이러한 기근이 올 수 있다는 것이 얼마나 무서운 일인가! 아모스 선지자는 이 기근에 대해 말한다. "양식이 없어 주림이 아니며, 물이 없어 갈함이 아니요, 여호와의 말씀을 듣지 못한 기갈이라." 그렇다. 이것은 하늘의 음성을 우리가 듣지 못하는 기갈이다. 우리 중 누가 이러한 때를 모르는 사람이 있는가? 이러한 일들은 모두 '떡집'에서도 일어날 수 있는 것이다.

하지만 하나님은 말씀하셨다. 만약 자기 이름으로 일컫는 그의 백성이 그 악한 길에서 떠나, 스스로 겸비하고 기도하여 그의 얼굴을 구하면, 그가 하늘에서 듣고, 그 죄를 사하며, 그 땅을 고치시겠다고 하셨다. 이것이 엘리멜렉이 기근에 처하게 되었을 때에 했어야 했던 행동이었다. 틀림없이 그는 그 지역에서 유지였을 것이며, 그곳에 남아서 하나님 앞에 자신을 낮추고 기도해야 할 때에 그 백성들을 인도했어야 했다. 주께서 왜 하늘을 닫으셨는지 깨닫기 위해 하나님의 얼굴을 구하는 백성 중의 하나로 남아서 하나님이 잘못이라고 보여주신 것들을 바로 잡았어야 했던 것이다. 그렇게만 했다면, 틀림없이 하나님은 은혜로우셔서 하늘에서 듣고 그 땅을 고쳐주셨을 것이다. 그러나 그는 그렇게 하지 않았고, 벗어날 다른 길을 찾았다.

인접해 있는 이방 나라 모압 땅은 기근이 없는 것 같았다. 들판은 푸르고 기름졌다. 그래서 그는 자기의 처소에 남아 남들과 함께 하나님과의 관계를 회복하는 대신, 그의 몇 안 되는 가족을 모아 다른 나라로 떠났다. 그곳에서는 스스로 더 잘 살 것이라고 아주 확신하면서. 그래서 결국 그는 여호수아 때부터 그의 가족에게 분배된 기업의 소중한 땅에서 떠난 것이다. 문맥으로 보아서 그가 그때 그 땅을 실제로 팔았는지는 분명치 않지만, 아마도 아닌 것 같다. 왜냐하면 그가 가서 '우거'하였다고 되어 있기 때문이다. 틀림없이 그는 친구들에게 말했을 것이다. "잠시 동안만 가 있을 거야. 거기서 우거하다 곧 돌아올 거야." 하지만 긴 우거생활이 되어버렸다. 그는 영영 돌아오지 못했으며, 그의 두 아들들도 마찬가지였다. 마침내 나오미가 돌아왔을 때엔, 십 년이란 긴 세월이 흘러버렸다. 그 동안 그의 가족의 농토였던 땅은 방치되어 있었고, 잡초가 무성하며, 그의 집은 완전히 폐가가 되어 있었다.

바로 이것이 우리의 모습이다. 우리는 기근의 때를 만나면, 주님의 얼굴을 구하며 왜 이렇게 되었는지, 왜 우리의 심령이 냉랭하며, 주님과의 교제가 끊어졌는지 간구하기보다, 다른 들판 곧 세상의 들판을 바라보며, 우리의 마음을 거기에 둔다. 내가 여기서 사용하는 '세상'이라는 단어는 사도 요한이 말하는 그런 개념의 뜻이다. "세상을 사랑하지 말라"(요일 2:15). 그것은 물질적인 자연계가 아니라, 하나님과 분리되어 조직된 인간 사회를 말한다. 세상과 벗이 된다는 것은, 그것이 외견적으로 나쁘든 그렇지 않든, 하나님과 원수가 되는 것이다(약 4:4).

여기서 우리는 그리스도인들이 대소 간에 왜 세상 속으로 돌아가는지 그 이유를 볼 수 있다. 그것은 곧 세상이 매혹적이기 때문이 아니라, 베들레헴이 삭막하기 때문이다. 예수님의 임재를 더 이상 느끼지 못하는 것이다. 그들의 삶 속에 뭔가 재미가 조금 있어야 될 것 같으며, 얼마간의 기쁨이 필요하며, 시간을 때울 게 있어야 된다고 그들은 생각한다. 그들의 눈에는 성도들의 삶이 그들을 매료할 아무것도 없는 것처럼 보인다. 모든 것이 다 죽은 것처럼 보인다. 그렇다면 무엇이 문제인가? 과연 누가 죽고 메말라버린 것인가? 여러분인가, 아니면 성도들인가? 성도들에게 기쁨이 되신 주님이 여러분들에게는 무감각하여 당신의 마음이 모압의 들녘에 안주하게 되는 것이 누구의 잘못인가? 물론 그것은 당신의 잘못이며, 우리의 잘못이다! 하지만 우리는 그 문제를 직시하며, 기쁨의 근원이 되신 분에게 돌아오기 보다는 탕자처럼, 어쩌면 나오미처럼 우리가 잃어버린 것을 대신할 만한 것들을 찾기 위해 먼 나라로 떠난다.

이와 같이 우리는 예수 그리스도 안에서 우리의 소중한 기업인 기쁨과 자유를 버린다. 오래전 복음송은 노래한다.

나 결코 주님을 떠나지 않으리

모든 좋은 것이 그분께 있네.

   그러나 우리는 떠나고 만다. 각양 좋은 것들을 우리와 함께 누리게 하시는 주님을 떠나 온갖 문제 구덩이 속에 빠지게 된다. 그러는 동안, 그리스도 안에서 우리의 기업은 방치되어 버리고 누릴 수 없게 된다. 우리는 스스로 말한다. 모압의 초원으로 가는 여행은 잠시일 뿐, 그것은 우거하는 아주 잠깐의 소풍에 지나지 않는다고. 하나님을 향해 성별된 삶을 사는 기준에서 조금만 낮아져, 그래서 세상이 우리에게 제공할 수 있는 것들을 잠시만 즐기기 위한 것이라고 우리는 말한다. 그러나 당신은 알고 있다. 그 잠시라는 시간이 언제나 잠시가 되지는 않는다는 것을. 그곳에서 당신은 오늘 이 시간까지 있지는 않는가. 한때는 곡식이 풍성하여 즐거워하던 그 땅을 버린 채로 말이다.

하나님의 교훈의 손길

만약 우리가 먼 나라에서 오랫동안 거한다면, 그것은 우리를 돌아오게 하시려는 하나님의 열심이 부족해서가 아니다. 나오미가 모압 땅에 있은 지 오래지 않아 하나님은 그녀를 다시 인도해 오시기 위해 일을 시작하셨다. 그것이 그녀를 향한 하나님의 사랑이었다. 이제 우리 관심의 대상은 엘리멜렉이 아니라 나오미다. 그리고 이 시점에서 우리의 모든 시각이 그녀의 귀향에 맞추어진다. 그녀가 돌아오게 된 것은 오직 하나님이 애초에 그녀가 잘못 내린 결정을 회개하도록 하신 두 가지 일 때문이었다.

첫 번째, 하나님께서 교훈(discipline)의 손길을 그녀의 가정에 펴셨다. 그리고 그녀는 남편 엘리멜렉을 잃게 되었다. 이 타격으로 슬퍼하면서도, 그녀는 두 아들을 통해 아직 밥벌이를 할 수 있다고 생각했다. 하나님께서 그들마저 데려가시기 전까지는 말이다. 이제 그녀는 정말로 미망인이 되어버렸다. 남편을 잃고, 그녀의 두 아들마저 곁을 떠난 상태에서, 그녀가 속하지 않은 나라에서, 자기 아들들과 결혼했었다는 사실 외에는 아무런 혈연이나 인종적 연관도 없는 두 모압 자부와 함께 세상에 홀로 남게 되었다. 하나님께서는 그 땅에서의 그녀의 삶이 참으로 쓰라린 시간이 되게 하셨다. 그녀 스스로 이렇게 말하고 있다. "나를 나오미(희락)라 칭하지 말고, 마라(괴로움)라 칭하라. 이는 전능자가 나를 심히 괴롭게 하셨음이니라."

우리를 향하신 하나님의 사랑도 마찬가지다. 우리가 그를 떠나면, 곧장 그분은 우리를 되돌리시려고 일하신다. 그리고 우리를 돌이키시기 위해 그가 사용하시는 것은 흔히 교훈, 곧 우리에게 손실을 당하도록 허락하신다. 무엇보다도 먼저, 엘리멜렉이 죽는다. 이 말은 곧 하나님께서 우리의 삶 속에서 왕이 되시기를 멈추신다는 것이다. 처음에는 우리가 이것을 개의치 않고, 그분의 길보다 우리 스스로의 길을 택하지만, 이것은 우리에게 정말 큰 손실인 것이다. 그다음 우리에게 말론과 기룐이 죽는다. 즉 우리의 삶 속에서 노래와 온전한 만족감을 잃게 되며, 즐거워하던 날들의 희미한 기억만 남게 된다. 때로 주님은 우리의 삶 속에 직접 개입하셔서 우리를 다루고 계심을 우리가 확실히 깨닫도록 하신다. 우리를 온갖 힘겹고 어려운 상황 속에 몰아넣으시며, 우리는 비참한 그리스도인이 되어버린다.

하지만 여기서 분명히 알아두어야 하는 것은 이러한 경험들을 형벌로 생각해서는 안 된다는 것이다. 그것들은 형벌이 아니라, 항상 그리고 어떤 상황에서든지, 회복을 위해 계획된 것이라는 것을 알아야 한다. 우리가 무슨 고통을 겪게 되든, 그것들이 아무리 처참하고 잔혹하다 하더라도, 그것들을 죄로 인한 형벌로 절대로 생각해서는 안 된다. 왜냐하면 그 이유는 간단하다. 그것을 죄의 형벌로 생각하기에는 너무 가볍기 때문이다. 죄로 인한 유일하고 마땅한 형벌은 예수께서 우리를 위해 나무에 달려 그 몸으로 담당하신 형벌뿐인 것이다. 바로 그곳, 오직 거기서만 우리의 죄에 대한 합당한 대가를 우리는 볼 수 있다. 오히려 우리가 겪고 있는 일들은 우리를 사랑하시는 하나님께서 우리를 그에게로 돌이키시기 위해 고안된 것이다. 우리의 잘못된 선택을 회개하도록 일깨우시며, 먼 나라가 우리가 머물기에 덜 매혹적인 곳이 되도록 하심으로 말이다. 윌리엄 쿠퍼(William Cowper)는 그의 유명한 찬송시에서 말한다.

그의 찡그린 모습 뒤에

그의 미소 짓는 얼굴을 감추고 계시네.

이 모든 것이 우리를 회복시키시기 위해 애쓰시는 하나님의 사랑이다.

여기서 잠시 멈추고, 우리를 다루시는 하나님의 손길을 계속 잘못 인식하지 않도록 이것에 대해 좀 더 자세히 살펴보고 분석해 보자. 내가 여기서 "계속 잘못 인식한다"라는 말을 쓴 것은 우리 모두 저절로 그렇게 되기 쉽기 때문이다. 양심의 가책은 인간으로 하여금 하나님께서 그의 적이 되시며 나쁜 일이 생기게 되면 그것을 일종의 벌로 생각하도록 만든다. 하지만 그것은 사실이 아니다. 우리는 "하나님께서 그리스도 안에 계시사, 세상을 자기와 화목하게 하시며, **저희의 죄를 저희에게 돌리지 아니하시고**"(고후 5:19)라는 말씀을 중심으로 깊이 받아 들여야 한다. 특히 뒷 구절을 주의 깊게 보라. 그 어떤 환난이든, 그것은 하나님께서 우리 죄를 우리에게 돌리신 것을 의미하는 것이 아니다. 왜냐하면 하나님께서 이미 그것들을 십자가 위에서 예수 그리스도에게 전가시키셨기 때문이다. "그들의 모든 환난에 그들의 적이 되지 않으시고"(사 63:9). 그것은 단지 우리를 회복시키시고자 의도하시는 하나님의 사랑이다.

바로 그 이유 때문에 나는 '징계'(chasten, 히브리서 12장에서 사용되는)라는 단어를 쓰기를 싫어한다. 왜냐하면 사람들이 여러 가지 의미로 이 말을 쓰겠지만, 그럼에도 불구하고 이 단어를 사용할 때는 우리 속에 형벌에 대한 의미를 어쩔 수 없이 생각하게 된다. 그래서 나는 '교훈'(discipline)이라는 말을 사용한다. 물론 이 말도 우리의 두려워하는 마음이 죄의식을 줄 만한 이유들을 생각하게 하겠지만 말이다. 하지만 '교훈'이란 말과 '제자'(disciple)라는 말은 단순히 '가르침을 받는다'라는 뜻을 의미한다. 우리가 영적 혹은 물질적인 역경을 당할 때, 우리는 '하나님께서 왜 우리에게 이런 일을 당하게 하실까'라고 묻기보다는, 그것을 통해 '하나님은 우리에게 무엇을 가르치시려고 하나'하고 물어보아야 한다. 그러면 거의 예외 없이 우리가 보지 못하는 영역에서 회복되어야 할 것들을 깨닫게 된다.

이것은 자기가 알고 있는 한 모든 면에서 하나님께 순종하며 동행하는 사람들 그리고 모압과 같은 땅으로 가버렸다고 말할 수 없는 사람들, 그럼에도 불구하고 하나님께서 시험하시는 것 같은 자들에게도 도움을 준다. 나는 이러한 시련이 회복을 의도하고 있다고 말하고 싶다. 아담의 타락 이후 얼마나 많은 것들을 우리가 잃었는지 그리고 우리 속에 하나님의 형상이 얼마나 많이 파괴되었는지는 아무도 모른다.

또한 우리 자아가 얼마나 많은 부분 스스로를 통치하고 있는지 온전히 깨닫는 사람은 없다. 하지만 하나님은 그것을 아시며, 우리 모두 속에서 회복을 위한 작업을 꿋꿋이 하고 계시며, 이 작업은 하루 아침에 되는 것이 아니다. 그것은 우리가 거듭날 때부터 시작되며, 우리 일생동안 계속되는 것이다. 주님은 끊임없이 우리 자아 속에 굴복을 모르는 새로운 영역을 찾아내어 그곳에 역사하셔서, 우리로 하여금 그분의 모습으로 회복되어 가도록 하신다. 우리가 온전히 굴복할 때까지 시련과 손실을 계획하신 것이다. 더 이상 찾지 못하실 때까지.

이러한 자아의 굴복이 필요한 것은 단지 타락 때문만은 아니다. 타락 이전에도 그것은 삶의 질서였다. 누군가 말했다. "십자가(cross)의 체험은 하나님의 뜻이 우리의 뜻과 엇갈릴(cross) 때 우리의 뜻을 굽히는 것이다." 죄가 들어오기 전에도, 아담은 그 길을 걷도록 부르심을 입었다. 때로 하나님께서는 그가 본능적으로 자신을 위해 하고픈 뜻과 상반되는 일을 하도록 지시하셨을 것이라고 우리는 추측할 수 있다. 예를 들자면, 그의 몸 구석구석이 잠에 곯아떨어져 푹 쉬고 싶은 시간에 일어나 시키는 일을 해야 하는 경우라든지 말이다.

타락 이전의 하나님과의 관계에서 가장 중요한 핵심은 아담 안에 자기 도착이 없어야 하는 것이었다. 그럴 경우, 그는 하나님의 뜻을 따르기 위해, 즉각 자기가 하고픈 일을 즐거운 마음으로 포기했을 것이다. 그가 사랑하는 이를 위해 그러한 포기를 할 수 있는 기회를 주심에 그저 감사하면서 말이다. 인간이 타락했을 때, 즉 단순히 말해서 그가 이것을 하기를 거절했을 때, 그는 그것으로 인해 끝없이 거절하고자 하는 체질을 갖게 되었다. 그 결과 그가 하도록 주어진 그 어떠한 일이라도 그에게 불편을 주거나, 혹은 그것이 하나님의 섭리 하에 일어난 일이라 하더라도 그의 눈에 원치 않는 일은 무엇이나 저항하며, 원망하거나, 하나님의 뜻으로 받아들이지 않게 되었다. 아담의 모든 후손들 역시 슬프게도 그와 같은 자기중심적인 체질적 성향을 물려받게 된 것이다(바울은 그것을 그의 글에서 '육신'이라고 불렀다). 그리고 그들의 조상이 그랬던 것처럼 그들도 그렇게 행하고 또 반응한다.

  그러므로 시련과 손실은 이런 나오미들로 하여금 모압 땅에 끊임없이 우거하는 죄악을 회개하도록 일깨우기 위해 계획된 것이다. 뿐만 아니라, 아주 순종적인 하나님의 종이라 하더라도 스스로를 위한 본능적인 욕망을 굴복시킬 기회를 제공해 주며, 그리하여 하나님과의 관계를 더 깊이 깨닫고, 이미 말한 바와 같이 자아의 굴복이 변함없는 삶의 질서임을 깨닫도록 하기 위해 의도된 것이다. 내가 "아주 순종적인 하나님의 종"이라고 말했지만, 우리 중 어느 누가 그렇게 즉각 순종하고 있는가? 타락한 아담의 후손들로서, 우리 앞에 오는 일에 대해 우리가 하나님께 굴복하기 위해서는 예외 없이 그 일에 굴복치 않으려는 우리의 첫 반응부터 회개하는 것으로 우리는 시작해야 할 것이다. 아마도 첫 반응뿐만 아니라 두 번째, 세 번째 반응 역시 마찬가지일 것이다.

고향에서부터 들리는 좋은 소식

이야기가 잠시 곁길로 갔지만 이제 우리 앞에 놓인 교훈적인 이야기로 다시 돌아가 보자. 하나님은 나오미를 다시 베들레헴으로 데려오시기 위해 또 다른 방법을 동원하셨다. 그것은 곧 고향에 부흥이 일어나고 있다는 소식이었다. "그가 모압 지방에 있어서 여호와께서 자기 백성을 권고하사 그들에게 양식을 주셨다 함을 들었으므로." 기근이 끝나고, 비가 내리기 시작했고, 들에는 곡식이 다시 풍성했으며, 사람들은 즐거워했다. 얼마나 놀라운 부흥인가! 그것은 곧 고향에 있는 사람들 중에서 회개가 일어났다는 것을 단적으로 보여주는 것이라 하겠다. 어쩌면 한두 명의 선지자가 일어나 여호와의 이름으로 사람들에게 무엇이 잘못되었는지 말씀을 전했을 때, 사람들이 반응했을지도 모른다. 그리고 하나님은 은혜로우셔서 그 땅을 고치셨을 것이다. 그러한 소식이 빈곤과 불행 중에 있는 나오미에게 들렸을 때에, 그것은 분명 그녀를 고향을 향해 발을 옮기도록 했을 것이라 예측할 수 있다. 그것은 신약에 있는 탕자에게서도 마찬가지였다. 그가 얼굴을 고향 쪽으로 다시 돌리게 되었던 주된 이유는 그의 아버지 집에서는 종들조차도 양식이 풍족하다는 생각 때문이었다.

아마도 나오미와 엘리멜렉이 베들레헴에서의 삶이 너무 삭막하다고 한 말은 맞았을 것이다. 어쩌면 여러분들도 성도들에 대하여 같은 말을 하고 있는 것이 맞을지도 모른다. 그러나 원컨대, 하나님께서 모압 땅에 있는 여러분들에게 성도들의 삶이 더 이상 삭막하지 않으며, 그분이 그곳에서 부흥을 일으키셨다는 소식을 듣게 해주시기를 바란다. 그리고 그들 중에서 회개가 일어나 다시 예수님을 만나며, 그들 사이에 새로운 사랑이 싹트기 시작했다는 소식을 여러분에게 알려주시기를 원한다. 한마디로, 여호와께서 자기 백성들을 권고하사 그들에게 양식을 주셨다는 소식을 듣게 해주시기를 바란다.

오늘날의 나오미도 가끔씩 눈부신 그리스도인을 만나게 된다. 그는 자신의 기쁨을 곤경에 처한 그녀와 함께 나누기를 원할 것이다. 그 신자는 주저함이 없이 분명 말할 것이다. "저도 항상 이랬던 건 아니었어요. 얼마 전까지만 해도 저의 영혼도 기근 속에 빠져 힘들었어요. 하지만 하나님께서 저를 도우셔서 십자가를 다시 붙들게 하셨어요. 그리고 이제 모든 것이 새롭게 되었답니다." 이러한 간증을 듣게 되면, 크게 흔들리지 않을 수 없을 것이다. 그녀도 이제 말하게 될 것이다. "만약 하나님이 그를 위해 그런 일을 하셨다면, 나를 위해서도 하실 수 있을 거야." 그리고 또 한명의 나오미는 고향을 향해 발을 내딛고 싶어할 것이다.

나오미에게 있어서는 아무런 잘못이 없는 사람처럼, 단순히 길을 다시 떠나는 그런 경우가 아니었다. 하나님의 훈계와 고향의 부흥 소식을 접하게 되자, 그녀는 애초에 베들레헴을 떠나온 잘못을 참으로 뉘우쳤을 것이다. 그녀가 진심으로 회개했다는 사실을 우리는 바로 이 시점에 나오미가 했던 말 속에서 분명히 볼 수 있다. 본문의 한곳에서 그녀는 말하고 있다. "여호와의 손이 나를 치셨으므로." 또 다른 곳에서는 "전능자가 나를 심히 괴롭게 하셨음이니라"고 했으며, 또 다른 곳에서는 "여호와께서 나를 징벌하셨고, 전능자가 나를 괴롭게 하셨거늘"이라고 했다. 이러한 말들 속에 불평의 기미가 없다. 그저 하나님의 손아래서 연단 받으며, 교훈을 배운다고 그녀는 감사하며 겸손히 인정하고 있다.

회개는 하나님께로 돌아가는 것이며, 또한 우리를 위한 축복의 길로 돌아가는 것을 말한다. 그것은 우리가 떨어뜨린 끄나풀을 다시 줍는 것이 아니다. 그렇게 되면 회개의 참뜻을 왜곡하는 것이 된다. 회개는 우리가 하나님을 옳다고 인정하는 것이며, 우리가 그분의 손아래서 연단 받으며, 그분이 우리를 괴롭게 하심이 옳으며, 우리가 불평이 없다는 것을 인정하는 것이다. 그것은 주님이 지적하시는 것들에 대해서, 그분이 옳고 우리가 틀리다는 것을 시인하는 것이다. 그리고 이 모든 것을, 의인이 불의한 자를 위해 대신 죽으심으로 우리를 하나님께로 인도하신 십자가 아래에서 하는 것이다. 그곳에서만 우리는 잘못된 자로 있을 여유를 찾을 수 있다.

> 그곳에 크신 긍휼과 그저 주시는 은혜가 있네,
> 넘치는 용서로 나를 덮으시네,
> 그곳에서 곤비한 내 영혼이 자유를 찾네,
> 갈보리에서.

그녀는 빈손으로 돌아오다

드디어 우리는 룻기 1장의 요지라 할 수 있는 자리에 왔다. 이것은 이어지는 장들과 연결되는 부분이다. 즉 나오미는 빈손으로 돌아왔다는 사실이다. 그녀 스스로 말하고 있지 않는가. "내가 풍족하게 나갔더니, 여호와께서 나로 비어 돌아오게 하셨느니라." 그녀가 떠날 때는 물론 어느 정도 재물을 갖고 갔겠지만, 돌아올 때는 빈털터리였다. 떠날 때는 남편과 두 아들이 있었지만, 돌아올 때는 아무도 없었다. 그녀가 돌아왔을 때, 자기 또래들은 아직도 남편과 아들들이 있었고 그리고 손자들까지 주위에 있었다. 그러나 나오미에게는 아무도 남지 않은 채 돌아온 것이다. 그녀의 밝았던 미래의 꿈은 모압 땅에 묻혀버렸다. 그녀가 가지고 돌아온 것이라고는 오직 그녀의 이방 며느리 밖에 없었고, 그녀의 백성들이 이 이방 여인을 받아줄 것인지 아무런 보장도 없었다. 무엇보다도 나오미가 돌아왔을 때는 땅이 없었다.

여기서 저자가 룻기를 처음 읽었을 때는 엘리멜렉이 베들레헴을 떠날 때 그의 기업의 땅을 틀림없이 팔았다고 생각했다.

왜냐하면 이 이야기가 그 땅을 어떻게 속량 받게 되는지에 관한 것이기 때문이다. 4장에 기록되어 있는 것은 모두 베들레헴 성문에서 누가 그 땅을 무를 것인지에 관해 의논하는 이야기다. 보아스일지, 아니면 다른 친척이 될지. 여기서 '무르다'라는 단어를 쓴 것을 보면 그 땅이 팔렸었다는 것을 암시하고 있다. 하지만 3절을 보면, "모압 지방에서 돌아온 나오미가 우리 형제 엘리멜렉의 소유지를 팔려 함으로"(개역개정역)라고 보아스가 말하고 있다. 여기서 그들이 떠나기 전에 이 땅이 실제로 팔리지 않았다는 것을 추측할 수 있다. 그 땅은 여전히 그곳에 있었지만, 십 년 동안 방치되어 있었고, 잡초가 무성히 자랐으며, 오래된 농가는 폐허가 되어있었다. 그녀가 돌아왔을 때는 그 농지를 돌볼 사내들이 없었다.

아마도 틀림없이, 그녀가 돌아왔을 때, 제일 먼저 한 일은 가장 높은 값을 쳐주는 자에게 그 땅을 파는 것이었을 것이다. 그래서 실상 우리는 그 땅이 이미 팔린 것으로 간주해도 될 것이다. 그러므로 그 땅에 대해 '무르다'라는 말을 쓰는 것이 별로 부적절하지 않다. 가족의 기업을 판다는 것은 대부분의 히브리인들에게는 가장 소중한 소유를 파는 것이다. 어느 가족이든 그들의 땅을 지키는 것이 다음 세대를 위해 누구나 원하고 있는 일이다. 하지만 이 경우에는 그녀의 자부가 아들이 없는 과부였기 때문에 엘리멜렉의 이름으로 칭할 다음 세대가 없다. 그러므로 땅은 주인을 잃게 되며, 그 가족은 소멸될 것이다. 혹이라도 이스라엘에 기업을 물러줄 해결책이 있다면 그 수혜자는 나오미나 룻이 될 것이다(처음에는 이런 가능성조차 그들은 마음에 둘 겨를이 없었다).

이것이 바로 우리의 모습이다. 우리가 하나님께로 돌아올 때 우리는 빈털터리가 되어 있고, 또 그곳엔 아무것도 없는 것 같다. 그리고 우리 역시 말하지 않을 수 없다. "내가 풍족하게 나갔더니, 여호와께서 나로 비어 돌아오게 하셨느니라." 너무나 빈털터리가 되어서 우리의 잃어버린 기업을 도로 찾기 위해 우리가 할 수 있는 것이라고는 아무것도 없다.

이것이 우리가 자주 인용하는 말씀의 모습과 똑같다. "사람이 만일 온 천하를 얻고도 제 목숨을 잃으면 무엇이 유익하리요? 사람이 무엇을 주고 제 목숨을 바꾸겠느냐?"(마 16:26) 이 말씀은 너무나 잘 알려져 있어서 우리가 때로 그 말씀의 참뜻을 적어도 부분적으로는 놓치고 있다.

여기에는 두 가지 질문이 있다.

먼저, 사람이 만약 세상이 그에게 줄 수 있는 것을 얻기 위해 그의 목숨을 잃어버리면 (즉 하나님과의 교제가 끊어진다면) 무슨 유익이 있겠느냐는 것이다. 그 속에 숨어있는 대답은 아무런 유익이 없다는 것이다. 그는 철저한 패배자가 되는 것이다.

이제, 두 번째 질문이 있다. 그렇게 되면 그 잃어버린 것들을 돌이키기 위해 그가 지불할 수 있는 것이 있는가, 즉 그 거래를 무를 수 있는 것이 있는가 하는 것이다. 그리고 그 말 속에 숨어있는 대답은 그가 아무것도 할 수 없다는 것이다. 그것도 아주 분명하게 말하고 있다. 이미 저질러진 일은 **도로** 없었던 것처럼 될 수 없다. 아무리 그가 쉼 없이 열심을 낸다 하더라도, 끊임없이 눈물을 흘린다 하더라도, 그가 스스로 저지른 죄를 속죄하기 위해 할 수 있는 것이 아무것도 없으며, 그로 인해 그토록 어리석고 값싸게 팔아버린 것들을 회복시킬 수는 없는 것이다. 바꾸어 말하자면, 우리의 죄와 어리석음이 우리 삶 속에 미치는 영향은 하나님의 은혜를 떠나서는 회복이 불가능한 것이다.

죄로 얼룩진 우리가 평화를 얻기 위해 무엇을 할 수 있는가?

우리가 망쳐놓은 것들을 어떻게 하면 바로 잡을 수 있는가? 우리가 그 상황을 직시한다면, 그 정답은 아무것도 없다는 것이다. 우리가 죄 짓는 데는 무제한의 힘을 소유하고 있다(우리가 마음만 먹는다면, 이 영역에서는 어마어마한 거인이 될 수 있다!). 하지만 우리의 죄를 속하거나, 그 결과를 돌이키는 데는 아무런 능력이 없다.

우리는 가끔씩 생각한다. 만약 우리가 좀 더 좋은 그리스도인이 된다면 그리고 우리의 동료들에게 좀 더 잘해 주면 우리가 회복될 수 있을 것이라고. 하지만 저자의 경우에는 '그런 자격을 갖추기 위해 좀 더 좋아져야겠다'라고 생각할 때에, 시작해 보기도 전에 실패하게 된다. 왜냐하면 나를 패배시키는 것이 바로 "좀 더 좋아지려고 하는 그것"이라는 것을 경험적으로 내가 알기 때문이다. 그리고 우리는 돌아온다. 나오미와 룻처럼 빈털터리가 되어서 말이다. 빌 게이더(Bill Gaither)는 그의 복음송에서 이것을 다음과 같이 표현하고 있다.

> 만약 눈앞에 우뚝 선 고상한 꿈이 보인다면,
> 그것이 바로 내가 시작할 때 가진 꿈이었으리라.

인생에 가장 좋은 희망을 나는 품고 있었네,

내 가슴 깊은 곳에.

그러나 나의 꿈은 재가 되어버렸고, 나의 성은 산산조각 모두 무너졌네,

나 가진 것 다 잃고 말았네.

그래서 그 모든 것 내 인생의 누더기에 싸서,

십자가에 내려 놓았네.[1]

하지만 낙심치 말라. 룻과 나오미가 빈손으로 돌아왔지만, 빈털터리로 남아 있지는 않았다. 바로 그것이 이 이야기가 말하고 있는 것이다. 어떻게 빈털터리가 풍요롭게 되었는지 말이다. 그것은 오직 그들이 돌아온 고향 땅에 그들의 기업을 무를 자가 있었기 때문이다! 여러분도 마찬가지로 빈털터리로 있지는 않을 것이다. 가진 것 없는 죄인으로 하나님께로 돌아와서 "제가 모두 잘못했어요. 모든 게 제 탓이에요"라고 고백하면, 여러분은 모든 것을 무를 권리를 가진 자의 은혜로운 혜택을 받을 수혜자가 되는 것이다. 우리의 가장 가까운 친척에 의해서!

---

1) 빌과 글로리아 게이더(Bill and Gloria Gaither) 작시, 허락을 받아 인용함.

회심한 룻

구약의 탕녀 나오미에게는 그와 상응하는 신약의 탕자와 중요한 다른 점이 하나 있었다. 먼 나라에서 돌아왔을 때, 그녀는 또 다른 사람을 하나를 데려왔다. 사람들이 하나님께로부터 떠날 땐, 번번히 다른 사람들을 함께 데리고 간다. 하지만 그들이 회개하고 주님께로 돌아오게 되면, 그 사람들도 그 행동에 이끌려서 같이 회개하며, 그들과 함께 돌아온다. 나오미의 경우도 참으로 그러했다. 그녀는 룻이 한낱 히브리인으로 귀화하기 원해서 데려왔다기보다는, 회심한 한 인간으로 동행했다. "어머니의 백성이 나의 백성이 되고"라고 룻은 말할 뿐만 아니라, "어머니의 하나님이 나의 하나님이 되시리니"라는 더 의미 있는 말을 한 것을 보면 알 수 있다. 이것이야말로 구약이 말하는 회심이 아니고 무엇이겠는가?

여기서 룻의 선택은 아주 눈여겨보아야 할 일이다. 왜냐하면 그녀가 나오미의 하나님에 관하여 아는 것이라고는 아마도 그녀에게 그 모든 곤경을 내린 분이라는 것 밖에 없기 때문이다. 그 하나님은 이방 소녀에게 그리 혹할 만한 신이 아니었다. "여호와의 손이 나를 치셨으므로 나는 너희로 인하여 더욱 마음이 아프도다"라고 한 나오미의 말 뒤에 숨어 있는 그 하나님에 대한 인상을 어쩌면 룻이 가지고 있었을지도 모른다. 나오미는 아마 그녀의 두 자부도 회심하여 여호와의 규례가 얼마나 선하며 은혜로운지 그들이 맛보며, 그들의 하나님으로 영접하기를 바랐을 것이다. 하지만, 그들에게 닥친 모든 일들이 (그 둘도 남편을 잃는 고통을 그동안 겪게 되었다) 이제 그들로 하여금 영영 이 하나님으로부터 등을 돌리도록 했을까봐 나오미는 염려하게 되었다. 그러나 룻의 반응은 그렇지 않았다. 시모의 모든 말에도 불구하고, 그녀는 "어머니의 하나님이 나의 하나님이 되시리니"라고 말하고 있는 것이다.

그러면 무엇이 그녀로 하여금 그러한 선택을 하게 했을까? 자기 하나님 앞에서 회개하며, 그 과정에서 마음에 평화를 찾는 나오미의 모습을 보며 그렇게 하지 않았을까. 룻이 그 모습을 보고 듣는 가운데, 여호와의 그림자가 그 장면을 덮는 것을 본다. 그분은 죄인들에게 긍휼이 풍성하시며 은혜로우신 분임을 깨닫게 되었을 것이다. 주님 안에 용서와 회복이 있다는 것을 사람들이 주님 앞에서 회개하는 모습을 보면서 분명히 알게 된다. 그렇지 않다면 왜 회개하겠는가? 법정에서는 범죄자가 회개하는 경우는 없다(나는 배심원으로 서본 적이 있기 때문에 알고 있다). 그렇게 해봐야 아무런 소득이 없다는 것을 뻔히 알고 있기 때문이다. 정의는 죄인이 자백한 것에 따라 무엇이든 집행한다. 그렇기 때문에 범죄자들은 당연히 입을 굳게 다물고 자신을 방어하게 된다.

그러나 만약 법정이 자백하는 죄인들에게 공의 대신에 긍휼을 베푼다고 한다면, 누구든지 자백할 뿐만 아니라, 아마 서로 앞을 다투며 하게 될 것이다. 시어머니가 하나님 앞에서 죄인의 자리에 서서 그분께 자복하는 모습을 룻이 보면서, 그녀는 이 모든 것들을 깨닫게 된 것이다. 즉 나오미의 하나님, 곧 그녀가 여호와라고 부르는 그분은 죄인들에게 긍휼이 풍성하시며 은혜로우시다는 것을! 나오미는 그가 그런 분임을 알고 있었기 때문에 얼마든지 그분 앞에 자신을 낮출 수 있었던 것이다. 이것이 바로 하나님께서 모세에게 "여호와로라. 자비롭고, 은혜롭고, 노하기를 더디하고, 인자와 진실이 많은 하나님이로라…악과 과실과 죄를 용서하나"(출 34:6-7)라고 자기 이름을 그 산 위에서 반포하신 날부터 줄곧 이스라엘에게 나타내신 그분의 독특한 속성이다.

아마도 룻은 그 이전까지는 나오미의 하나님은 언제나 '좋은 사람들의 하나님'으로 생각했을 것이다. 왜냐하면 나오미는 항상 선하고 흠이 없어 보였기 때문이다. 룻은 자신이 그렇지 못하다는 것을 알았기 때문에 그러한 신에게는 자신이 적합지 못하다고 생각했을 것이다. 그러나 그녀의 시모가 하나님 앞에서 죄인의 모습으로 회개하는 것을 보게 된 그날, 그분은 죄인의 하나님, 즉 잘못한 자들에게 긍휼을 베푸시기를 기뻐하는 분이시라는 것을 깨닫기 시작했다. 바로 그때에 그녀는 말하게 된다. "이 하나님은 이제 나의 하나님이야. 내가 죄인이지만 나도 자격이 있어."

바로 이것이 룻의 선택 뒤에 자리 잡고 있는 연유라고 나는 생각한다. 그렇다면 여러분에게도 해당되지 않는가? 이제 여기서 우리가 생각해 볼 문제가 있다. 우리는 세상이 우리 안에 거하시는 예수님을 볼 수 있게 되기를 원한다. 그렇게 하려고 하면, 결과적으로 우리의 시도는 흔히 '좋은 사람의 하나님'이라는 인상을 그들에게 주게 된다. 왜냐하면 그들 앞에 우리가 스스로 좋은 모습을 보이게 되기 때문이다. 이것은 죄인들을 이끌기 보다는 오히려 낙심케 한다. 왜냐하면 그들은 자격이 없다고 생각하게 되기 때문이다. 사실상, 우리는 결코 흠이 없는 그런 그리스도인이 아니다. 단지 우리가 사람들로 하여금 우리 삶의 선별된 부분만 보도록 하고 있는 것이다. 다른 부분들을 보게 되면 이야기는 달라지게 된다. 그러나 우리가 회개하며 바로 서는 모습을 그들이 보게 되면 그리고 죄인된 우리의 간증과 주께서 우리에게 행하신 일들을 나누는 것을 듣게 되면, 우리의 하나님은 결코 '좋은 사람의 하나님'이 아니라 '죄인의 하나님'이시라는 것을 깨닫게 되며, 그들 역시 이 하나님을 영접할 수 있게 될 것이다. 값진 회개의 몸부림 후에 어느덧 찾아오는 조용한 침묵 속에 죄인들의 구속주 하나님의 그림자가 그 위를 덮는다. 그리고 사람들은 이전에 느껴보지 못한 그분을 향한 갈망을 느끼게 된다. 우리가 깨어질 때(곧 우리가 죄인의 자리에 설 때에), 높은 단상에 서서 설교할 때보다 훨씬 더 그들에게 우리는 도움이 될 수 있다. 우리 스스로 십자가로 돌아올 때 우리는 어쩌면 또 한 사람의 소중한 룻, 곧 우리 눈물의 아이, 우리의 회개로 낳게 된 아이를 함께 우리가 누리게 된 평강의 길로 인도할 수 있을 것이다. 그러므로 우리가 남들에게 나누는 간증이 죄인들의 간증임을 다시 한번 깨달아야 한다. 그래서 그들도 은혜의 하나님을 볼 수 있도록 말이다.

이와 같이 나오미와 룻은 함께 베들레헴으로 돌아왔다. 빈 털터리가 되어서. 그렇다. 참으로 빈털터리가 되어 왔다. 하지만 그들은 빈털터리인 채로 남지는 않게 되며, 우리가 이제 그것을 보게 될 것이다.

3장
가까운 친척 보아스

"그 사람은 우리의 근족,
곧 우리의 기업 무를 권리가 있는 자니라."

* * *

나오미의 남편인 엘리멜렉의 친족 중 유력한 자가 있었으니 이름은 보아스더라. 나오미가 자부에게 이르되 "여호와의 복이 그에게 있기를 원하노라. 그가 생존한 자와 사망한 자에게 은혜 베풀기를 그치지 아니하도다." 나오미가 또 그에게 이르되, "그 사람은 우리의 근족이니, 우리 기업을 무를 자 중의 하나이니라"(룻 2:1, 20).

* * *

자 이제 보아스를 한번 생각해 보자. 저자는 이 보아스가 주 예수 그리스도의 표상이며, 또 그를 예표한다는 것을 우리가 깨닫게 되기를 성령께서 원하신다고 아주 확신한다. 내가 성경의 이 부분을 살펴보면 볼수록, 보아스와 그가 차지하는 위치를 이렇게 보는 것이 단지 설교자의 주관적 해석 때문이 아니라는 것을 더더욱 확신하게 된다. 그것은 구약에서 흔히 볼 수 있는 또 하나의 기이한 현상, 즉 오실 메시아를 예표하는 일례라 하겠다. 우리 중 어느 누구도 구약의 말씀을 전유하며 그리스도께로 적용하는 일에 신약의 기자들보다 더 확고한 사람들은 없을 것이다. 그러므로 우리도 용기를 내어 그들처럼 이 지문 속에서 그리스도를 찾아볼 수 있어야 한다.

나오미 남편의 친척으로 아주 부유한 사람이 엘리멜렉의 가계에 있었다. 그의 이름은 보아스였다. 이스라엘에서 가장 가난한 나오미는 그 지역에서 가장 부유한 사람 중의 한 사람을 친척으로 두고 있었던 것이다. 물론 그 사실이 처음에는 그녀의 힘든 빈곤과는 아무런 연관이 없는 것으로 그녀는 생각했다. 하지만 우리가 보아온 것처럼 모세의 율법에 따르면, 근족이 그의 궁핍한 친척에 관하여 권리와 책임을 가지고 있었다. 레위기 25장에 따르면, 그가 자기 형제를 위하여 그의 잃어버린 기업의 땅을 무를 권리가 있으며, 신명기 25장에서는 만약 그의 형제가 자식이 없이 죽으면, 그가 그 형제의 미망인을 아내로 취하여 그 형제의 이름으로 그 씨를 양육하여 그 형제의 땅을 상속할 책임이 있다고 되어있다. 이런 사람을 히브리어로 그 가난한 친척의 **고엘**[1]이라고 부른다. 이것이 여기서 말하

---

1) **고엘**이라는 단어는 '근족'(near kinsman)이라고 번역된 곳도 있으며, 더 흔하게는 '구속자'(redeemer)로 번역된 곳도 있다. 또한 어떤 곳에서는 '보수자'(avenger)라고 번역되어 있기도 하다. 여호수아 20:3에 나오는 '피의 보수자'가 한 예이다. 이것은 **고엘**의 역할의 또 다른 모습이다. 그의 형제를 대신하여 기업을 무를 뿐만 아니라, 그 형제가 살인을 당했을 경우, 그 살해자를 죽여서 복수하는 역할인 것이다. "무릇 사람의 피를 흘리면 사람이 그 피를 흘릴 것이니"라고 하는 것은 창세기 9:6에 나오는 명령이었으며, 이 형벌을 집행하는 자가 **고엘**이었다. 그러므로 여호와께서

는 보아스의 위치였다. 비록 보아스 자신이 나오미와 룻에 대하여 그 사실을 모르고 있었지만 말이다. 그리고 그들 편에서도 그가 **고엘**인 줄 모르고 있었다.

이렇게 되면, 그 당시의 **고엘** 속에서 우리는 예표하고 있는 그리스도를 보아야 한다는 결론을 이제 피할 수 없게 된다. 그분은 수세기를 걸쳐 내려오면서 수도 없는 사죄의 은총을 통해 잃어버린 죄인들의 구속자가 되시며, 절망적인 상황을 회복시키는 분이심을 스스로 보여주셨다. 예수님은 인간의 죄와 그로 인한 혼란으로 충격을 받으시거나 흔들리지 않으신다.

이스라엘의 구속자시라고 하는 것은 곧 이스라엘의 보수자시라는 뜻도 있는 것이다. 실제로 구약성경에서 보면, 여호와께서 이스라엘을 대적하는 자들에게 복수하심으로 자기 백성을 구속하시기도 한다. 이스라엘을 향한 그의 긍휼하심을 그 대적을 심판하심을 통해서 볼 수 있다. 이것이 이사야 63:1-7과 같은 말씀을 잘 설명해 주고 있다. 하나님 편에서 엄청난 위력을 보이시며 그와 이스라엘의 원수를 향해 말씀하신다. "내가 노함을 인하여 무리를 밟았고" 혹은 "분함을 인하여 짓밟았으므로" 그리고 "그들의 선혈이 내 옷에 뛰어"와 같은 표현을 사용하고 있다. 그리고 그 뒤를 이어 이스라엘의 미려한 찬양이 뒤따른다. "내가 여호와께서 우리에게 베푸신 모든 자비와 그 찬송을 말하며." 여기서 아주 명백하게 여호와의 이스라엘을 향하신 그의 긍휼하심이 그들의 대적을 심판하심에서 나타나고 있다. 4절에서 보면 그 두 개념이 실제로 다 나타난다. "이는 내 원수 갚는 날이 내 마음에 있고, 내 구속할 해가 왔으나." 주 예수께서 같은 방법으로 우리를 구속하신다고 말할 수 있다. 우리의 대적, 곧 죄와 죽음과 사탄을 십자가에서 복수하심으로써 말이다. 우리를 괴롭혀 온 이러한 대적들을 향해 우리는 같은 말씀을 예수께서 하신다고 보아도 될 것이다. "이는 내 원수 갚는 날이 내 마음에 있고, 내 구속할 해가 왔느니라."

그렇다. 그가 그 모두를 떠맡으시도록 우리가 내어드릴 때, 그 상황 속에서 그는 최선을 다하신다. 왜냐하면 그분은 모든 사람들의 **고엘**이시며, 그들을 충분히 구속하실 능력이 있기 때문이다. 그리고 그들이 처한 상황들을 가장 영광스러운 모습으로 회복시키신다. 그는 죄를 다루는 일에 전문가시며, 그 영역에서 그가 이루시는 영광스러운 회복으로 인해 그 이름이 높임을 받으신다.

이제 우리는 구속에 관하여 성경이 가르치는 가장 핵심부에 와 있다. 기업을 무를 권리가 그 사람의 근족에게 있는 것은 바로 **고엘**에 관한 이 율법에 기반을 두고 있는 것이다. 그러므로 구속(redemption)이라는 이 단어는 신약의 용어이기 이전에 먼저 구약의 용어이다. 그리고 신약의 그 진리는 지금 우리가 상고하고 있는 구약에 그 근거를 두고 있으며, 또 발전된 것이다. 이 룻기가 그 법의 증례를 구체적으로 보여주고 있다는 사실이 이 책에 특별한 중요성을 더해 준다.

기업 무를 권리

한 사람이 다른 사람을 속량한다는 것은, 곧 그가 **고엘**로서의 역할을 하는 것이며, 거기에는 세 가지 조건이 필요하다.

첫 번째, 그는 가족의 일원이어야 한다. 그렇지 않는 사람은 매입자에게 그 땅을 도로 팔라고 주장할 권리가 없다. 이 룻기 속에 나오는 근족에 해당하는 히브리어는 대부분의 경우 **고엘**이지만, 다 그런 것은 아니다. 세 곳에서는 구속의 개념이 없는 단지 일반적인 가족 관계에 사용되는 단어가 쓰였다. 제일 처음 보아스가 이 이야기에 등장하는 곳에 나오는 "나오미의 남편의 친족이 그녀에게 있으니"라는 구절에서는 그 단어가 **고엘**이 아니라 **모다**(*moda*)이다. 룻기 3:2에도 같은 단어가 나온다. "보아스는 우리의 친족이 아니냐?" 즉 "보아스는 우리의 **모다**가 아니냐"는 말이며, 이것은 곧 "우리 가계에 속한 친척이 아니냐"라는 말이다. 마지막에는 2:20에서 나오미가 "그 사람은 우리의 근족이니"라고 하는 말 속에 나온다. 여기서는 **카로브**(*qarob*)라는 단어를 사용하고 있는데, 그 뜻은 가까운 친척으로 **모다**와 실제로 동일한 말이다. 그렇다면 우리는 이렇게 말할 수 있다. 만약 한 사람이 다른 사람의 **고엘**이 되려면, 먼저 그는 **모다**여야 하며, 그 씨족의 한 일원이어야 한다는 말이다.

이와 마찬가지로, 주 예수께서도 죄인들과 실패한 성도들을 대신해서 그들의 잃어버린 것들을 속량하기 위해서는, 그들의 근족, 곧 그들과 같은 형제가 되어야 그럴 권리를 얻게 된다. 이것이 바로 영원한 말씀이 육신이 되어 우리 가운데 거하시게 된 그 일이다. 예수께서 우리를 형제라 부르시며, 우리를 구속하시기 위해 혈육에 함께 속하셔서 우리와 같이 되신 것을 설명하는 히브리서 2:10-18의 중요한 본문이 전부 이것을 뜻하고 있다. "자녀들은 혈육에 함께 속하였으매, 그도 또한 한 모양으로 혈육에 함께 속하심은." 저자는 이 지문에서 **고엘**에 관한 법이 분명하게 암시되어 있다고 생각한다. 우리와 같이 혈육에 함께 속하셔서 우리의 형제가 되신 이유는, 영적인 측면에서 **고엘**의 일을 감당하기 위한 것이다. "사망으로 말미암아 사망의 세력을 잡은 자, 곧 마귀를 없이 하시며, 또 죽기를 무서워하므로 일생에 매여 종노릇하는 모든 자들을 놓아주려 하심이니." 그러므로 "그가 범사에 형제들과 같이 되심이 합당" 한 것이다.

우리 육신이 겪어야 될 슬픔과 시험 중에 예수께서 몸소 그 모든 일에 함께 당하지 않으신 것은 없다. 인간이 겪는 모든 상실과 치욕 그리고 권리의 박탈 중에 예수께서 겪지 않은 것은 없으며, 오히려 그가 욕을 받으실 때 훨씬 더 많이 겪으셨다. 우리가 살펴보면—아주 흥미로운 연구가 될 것이다—이 사실을 발견할 수 있다고 나는 확신한다. 성경은 "그가 **모든** 일에 그의 형제와 같이 되셨다"라고 말한다. 그리고 모든 일이란 글자 그대로 모든 것을 뜻한다. 그렇기 때문에 이 서신서는 우리에게 말하고 있다. 그가 우리에게 자비롭고 충성된 대제사장이 되어 무식하고 어그러지는 자들을 긍휼히 여기고, 그들의 연약함을 체휼하신다고.

나는 전기나 역사를 아주 좋아한다. 한번은 1649년에 런던의 화이트홀에서 참수당한 찰스 1세의 딸, 엘리자베스 공주의 죽음에 관한 사건을 읽고 감명을 받은 적이 있다. 그녀는 감옥에 투옥되었으며, 거기서 결핵에 걸려 애석하게도 방치된 채 죽었다. 그곳 사람들이 그녀를 발견했을 때 그녀의 머리는 펴진 성경책 위에 놓여 있었다. "수고하고 무거운 짐 진 자들아, 다 내게로 오라. 내가 너희를 쉬게 하리라"(마 11:28)는 본문 위에 말이다. 바로 이 장면에서 전기 작가가 덧붙인 짧은 문장이 나를 크게 감동시켰다. "모든 일에 그녀와 같이 된 자신의 형제의 품속에서 그녀는 안식을 찾았다." 그렇다. 예수님은 참으로 우리의 가까운 형제이시다.

하지만 실제로 우리의 가까운 친족이 되게 한 성육신 하나만으로 우리의 낭패와 손실로부터 우리를 구속하기에 충분할 만큼 그를 우리와 가깝게 한 것은 아니다. 그 이유는 이러한 낭패와 손실에는 **우리 스스로의 잘못**으로 인한 것들도 있으며, 사실상 그것들은 오직 우리가 비난을 받아야 하는 것들이기 때문이다. 성육신 자체만으로는 우리의 과실, 즉 우리의 죄에 대한 해답을 주지는 않는다. 그것은 우리의 혈과 육에 함께 속하신 자가 십자가를 지시고 갈보리 언덕으로 올라가 그곳에 매달려 죽기 위한 것이었다. 곧 우리의 범죄를 자신의 것으로, 우리의 죽음을 자신의 죽음으로 받으심으로 우리를 구속하실 수 있는 바로 그 권리를 얻기 위한 것이었다. 베들레헴의 구유에서 영원하신 분이 "사람들과 같이 되었고"(빌 2:7), 갈보리의 십자가에서 그는 "죄 있는 육신의 모양"(롬 8:3)으로 나타나셔서 우리를 위하여 하나님의 심판을 다 겪으셨다. 이 말은 그의 피로 우리를 가두었던 모든 죄를 용서하시고, 다 씻으셨다는 것을 의미한다. 그렇게 함으로써, 그분은 죄로 인한 비난을 제거하셔서, 죄인들이 그분께 이끌려 나오게 하셨다. 바꾸어 말하자면, 십자가는 그분을 죄인들의 **가장 가까운** 친족이 되게 하신 것이다.

떳떳하지 못한 죄를 짓고 수감된 죄수들은 말할지 모른다. "당신은 예수께서 모든 일에 우리와 같이 되셨다고 말하지만, 내가 저지른 일로 당하고 있는 수치와 낭패를 그가 겪었다고는 생각지 않소." 하지만 그 말은 옳지 않다. 그것이 바로 그분이 겪으신 일이다. 그가 십자가 위에서 겪으신 것이 바로 죄의 수치와 치욕이었다. 하지만 그것은 그분의 수치와 치욕이 아니라 여러분의 것이었기 때문에 그가 견디기에 훨씬 더 힘들었던 것이다. 그 결과 여러분뿐만 아니라 세상에 있는 다른 모든 죄인들도 예수님을 올려다보며 말할 수 있다. "당신은 나의 가장 가까운 친족이며, 나와 나의 모든 형편을 속량할 권리가 있습니다."

나오미가 단지 한 사람의 친척으로 알고 있었던 사람이 실상 그녀의 **고엘**, 즉 그녀를 위해 기업을 무를 권리를 가진 사람 중의 하나였다는 사실을 깨달았을 때에, 그녀는 정말 기뻐했을 것이다. 마찬가지로, 우리 스스로를 비난할 수밖에 없는 상황 한가운데서 예수께서 우리의 **모다**일 뿐만 아니라 우리의 **고엘**이 되심을 깨닫게 되는 것은 정말 우리에겐 놀라운 일이 아닐 수 없다. 우리의 잃어버린 것들을 모두 속량하실 뿐만 아니라, 갈보리에서 그가 그럴 권리를 갖게 되었다는 것 말이다.

기업 무를 능력

두 번째 필요한 조건은 그 근족이 기업을 무를 능력이 있어야 한다. 즉 그것을 감당할 금전적인 여력이 있어야 하는 것이다. 그가 기업을 무를 권리가 있다는 것과 기업을 무를 능력이 있다는 것은 또 다른 문제다. 만약 그 **고엘**이 그를 필요로 하는 사람처럼 가난하다면 그는 별 도움이 되지 않을 것이다. 보아스의 경우는 그렇지 않았다. 그는 큰 농장의 지주였고, 그 지역에서 '유력한 자'였다. 기업을 무를 권리뿐만 아니라 능력도 가지고 있었다.

우리는 주 예수께서 우리를 속량하실 권리와 그의 피가 우리 죄를 사하시며 씻기시는 보장이 되심을 알아보았다. 그러나 우리가 처한 그 상황까지 속량할 능력을 그가 가지고 있는가? 그는 땅에서 죄를 사하는 권세를 가지고 있다. 그러나 우리의 죄의 결과까지 '선을 이루실' 능력을 땅에서 가지고 있는가? 우리를 절름거리게 하는 수치심으로부터 시작하여, 빼앗긴 기쁨과 깨어진 남들과의 관계 그리고 고통과 상실의 시간들까지 말이다. 이런 것들을 모두 겪는 가운데 사탄은 끊임없이 그것들이 이전처럼 되지 않을 것이라고 말한다. 그리고 그것을 보며 우리의 믿음은 무너지고 만다. 우리는 그리스도께서 우리의 죄를 사하심을 믿을 수 있다. 하지만 그 죄의 결과에 대해서 그가 무엇을 하실 수 있을지 때로 우리는 깊은 회의에 빠진다. 여기에 주님은 이 영역에서 정면으로 우리의 의혹에 도전하신다. 이사야 50:2에서 여호와께서 이스라엘의 의심에 맞서야 했던 그때처럼 말이다. "내 손이 어찌 짧아 구속하지 못하겠느냐? 내게 어찌 건질 능력이 없겠느냐?"

이스라엘이 그들의 죄악으로 포로생활을 하게 된 것은 슬픈 일이었다. 하지만 더 슬픈 일은 그곳에서 여호와께서 그들의 근족, 곧 그들의 **고엘**이 되심을 깨닫지 못하며, 그들의 황폐함으로부터 여호와의 손이 여전히 구속하실 힘이 있으심을 그들이 믿지 못하는 것이었다. 우리에게는 이사야나 예레미야 그리고 그 외 다른 선지자들의 놀라운 희망적인 예언들이 있다. 그들은 백성들에게 날이 이르면 영광스러운 회복의 때가 올 것이며, 여호와께서 그들의 구속주, 곧 그들의 **고엘**이 되신다고 말하며 확신을 준다. "그들의 구속자는 강하니…결코 그들의 원을 펴서…"(렘 50:34). 그렇다. 그들이 바벨론으로 끌려가기 전부터 그곳에서 풀려날 것이 예언되었고, 그것도 아주 찬란하게 선포되어있다! 폐허된 도시와 성전의 회복이 폐허되기 전에 미리 예언되었던 것이다! 이스라엘에게는 죄가 있기 전에 은혜가 먼저 거기까지 미리 예비된 것이다. 그들은 죄로 여호와를 대적했으며, 그 결과 그의 손아래서 수많은 연단의 고통을 받았다. 그럼에도 불구하고 여호와께서는 그들의 가장 가까운 친족이 되셔서 그 모든 상황 가운데서 마침내 그들을 구속하실 계획을 준비하셨다. 그들이 이 사실을 깨닫게 되었을 때 얼마나 숙연해졌을까!

이와 같이 우리에게도 죄를 짓기 전에 은혜가 먼저 예비되어 있는 것이다. 우리의 가장 가까운 친족은 '창세로부터 죽임 당하신 어린양'이시다. 하나님께서는 그분 속에서 상실의 사건이 아직 발생하기도 전에 그것을 미리 예견하고 계셨다. 그러므로 그분의 강하신 오른손이 이 모든 것들을 새롭게 능히 만드실 수 있는 것이다. 그렇다. 예수님은 인간이 상실한 것들을 속량하는 분야에 아주 탁월하시다. 이 일에 그분은 최선을 다하신다. 그는 하나님의 토기장이로서 낙심치 않으시고 망가져 쓸모없는 그릇을 그의 손에서 자기 소견에 좋으신 대로 또 다른 그릇으로 만들어 가신다. 우리가 그분께 망가진 폐물을 올려드릴 때, 그분은 끝내 아름다운 새 그릇으로 만들고야 마신다. 우리가 이 그릇을 바라볼 때 얼마나 놀라게 될 것인가.

> 예수는 어떤 문제도 해결하실 수 있네,
> 엉켜버린 인생을 그분은 다 푸신다네,
> 예수께서 하시기 어려운 일은 없네,
> 그분께는 불가능이 없다네.[2]

이 가사는 참으로 옳은 말이다. 하지만 하나의 조건이 있다.

---

[2] 로드히버(Rodaheaver) 단원의 곡, 허락을 받아 발췌함.

그가 그 문제의 한 가운데서 회개하며, 진짜 문젯거리는 자신이며, 그가 다른 문제들의 요인이라는 것을 인정해야 한다는 것이다. 그가 이렇게 하면 바로 그 죄는 전적으로 용서되며, 그가 저질러 놓은 것들은 이제 그의 책임이 아니라 주님의 책임이 된다. 그러므로 그는 그것을 주님의 손에 맡길 수 있는 것이다. 그렇게 되면, 그것은 하나님께서 그의 능력으로 새로운 것을 창조하시는 재료가 된다.

> 얼마나 아름답고, 좋은 것인가!
> 내 모든 혼란 주님은 이해하시고,
> 부서진 것, 고생 밖에 주님께 드릴 것이 없지만,
> 주님은 내 인생에 아름다운 것을 만드셨네.[3]

만약 그분이 이런 일을 하실 수 없다면, 어떻게 우리의 구주가 되실 수 있겠는가?

---

3) 빌과 글로리아 게이더(Bill and Gloria Gaither) 작시, 허락을 받아 발췌함.

기업 무를 마음

다른 사람을 위해 뭔가를 속량할 사람, 즉 **고엘**이 되기 위해서는 세 번째 조건이 필요하다. 그가 근족으로서 기업을 무를 권리와 또 그렇게 할 능력이 있어야 될 뿐만 아니라, 기꺼이 그렇게 하고자 하는 의지가 있어야 한다. **고엘**이라도 그렇게 하기를 싫어할 수도 있는 것이다! 룻기 4장에 나오는 더 가까운 근족의 경우가 그러했다. 엘리멜렉의 가계에는 보아스보다 더 가까운 친족이 있었으므로, 그가 당연히 이 일을 할 우선권이 있었다. 처음에 그는 토지를 무를 마음이 분명 있었지만, 룻을 그의 아내로 맞이하여 말론을 위해 그 씨를 양육해야 한다는 것까지 알게 되었을 때에 그는 물러났다. 그가 이 이방 소녀를 아내로 취할 것인가에 대한 확신이 전혀 없었고, 어쩌면 이미 아내가 있어서 두 여인을 생각할 엄두가 나지 않았을지도 모른다! 그에게 권리도 능력도 있었지만, 그럴 마음이 없었던 것이다. 하지만 보아스는 그렇지 않았다. 그는 기꺼이 그것을 정말 원하고 있었다. 그가 맡아야 하는 책임 속에는 룻을 아내로 맞이해야 하는 것도 맞춤형 거래에 포함되어 있었지만 그는 그것 때문에 더 끌렸던 것이다. 이 이야기에서 보면, 그의 마당에서 이삭을 줍고 있는 이 이방 소녀를 처음 보는 순간 그는 그녀에게 결정적으로 마음을 빼앗겼다는 것을 분명히 알 수 있다.

주 예수께는 당신을 속량할 권리와 능력만 있을 뿐만 아니라 그렇게 하고자 하는 의지도 있으시다. 의지뿐만 아니라 보아스처럼 기꺼이 그것을 원하고 계신다. 그는 바로 당신에게 마음을 빼앗긴 것이다! 그는 당신의 잃어버린 것들을 회복시키시며, 당신의 문제를 해결하셔서 다시금 행복하게 하는데 관심이 있을 뿐 아니라, **당신**을 갖기를 원하신다. 바로 이것이 그분께는 이 '맞춤형 거래' 하나하나가 더 매력적인 속량이 되게 하는 것이다. 즉 이 말은 곧 당신을 소유하기를 원하신다는 것을 의미한다. 그가 여러분의 잃어버린 처지를 떠맡으시게 되면, 여러분 자신도 떠맡기를 원하신다. "그가 우리를 대신하여 자신을 주심은…우리를 구속하시고…친백성이 되게 하려 하심이니라"(딛 2:14). 당신은 이것을 믿을 수 있는가! 당신은 그분의 마음을 빼앗아서 그를 사로잡고 있는 것이다. 여러분이 그토록 사랑받으며 사모함을 받기에 우리가 그분께 관심을 갖게 되며, 용기를 가지고 그분께 기도하게 된다.

> 당신의 옷자락으로 나를 덮으소서.
> 당신은 나의 가장 가까운 친척이 됨이니이다.
> 나를 덮으소서, 나를, 나를.

고엘이라는 단어가 여기서는 '가까운 친족'(near kinsman)이라고 번역되었으나 성경의 다른 곳에서는 '구속자'(redeemer: 기업 무를 자)로 되어있다고 이미 저자가 언급한 바가 있다. 실상 구약 성경에서는 이 단어의 명사와 동사형이 62회나 나오며, 여호와께서 자기 백성 이스라엘에게 자신을 선포하실 때 바로 이 명칭을 사용하셨다.

특히 이사야의 예언 속에서는 더욱 그렇다. 여호와께서 자신을 이스라엘에 나타내실 때에 거듭거듭 "너의 구속자, 이스라엘의 거룩하신 자니라"고 말씀하셨다. 하지만 흥미로운 사실은 이 용어가 이사야 40장 이전에는 전혀 나오지 않는다는 것과 그 이후부터 아주 흔히 등장한다는 것이다. 아마도 그 이유는 40장까지는 이사야서의 전반적인 주제가 백성들의 죄와 여호와께로 돌아오기를 싫어함으로 인해 불가피한 심판과 포로생활이 닥칠 것에 관한 예언이기 때문이었을 것이다. 하지만 40장 이후부터는 심판은 미래의 일이 아니라 이미 내려진 것으로 보며, 백성들은 이미 포로 상태에 있는 것으로 보고 있는 것이다. 그래서 말하자면 하나님께서 즉각 '목소리를 바꾸어서' 곤란 중에 있는 그들에게 내리시는 은혜와, 그 백성과 고토를 위해 계획하신 영광스런 회복에 관하여 말씀하고 계신다. 주님은 어쩌면 이렇게 말씀하셨을 것이다. "그만하면 충분해. 내가 영원히는 다투지 아니하며, 장구히는 노하지 아니할 거야"(사 57:16).

그리고 자신을 그들의 구속자, 즉 그들의 **고엘**로 나타내시기 시작하시며, 최악의 상황이 올지라도 그들을 속량하시겠다고 말씀하신다. 마치 그분이 이렇게 말씀하시는 것 같다.

"모든 일이 다 그릇되었구나. 그게 다 너희들의 죄 때문이야. 하지만 그게 무슨 문제야? 내 손이 어찌 짧아 구속하지 못하겠느냐? 내가 어찌 건질 능력이 없겠느냐?"(이사야 50:2을 보라) 이 말씀을 듣는 백성들이 놀라 이렇게 대답했으리라. "물론 주님께서 구속하실 수 없다고 한번도 생각해 본 적이 없어요. 하지만 구속하실 거라고는 생각지 못했어요. 왜냐면, 이 모든 게 다 우리 죄 때문이니까요." 그리고 여호와께서는 이렇게 대답하셨을 것이다. "나는 너의 **고엘**, 너희 구속자니라. 바로 이때를 위해 있는 거야."

내가 여기서 말하고 싶은 것은, 상황이 잘못될 바로 그때에 —사태가 최악이 된다 하더라도—예수께서는 그것을 속량할 권리를 가지시고 그분의 본연의 모습, 곧 우리의 기업 무를 자로 오신다는 것이다. 그렇다. 예수께서 우리의 인생에 들어오시면, 우리의 바른 점들을 찾을 수 있을 것이라 기대하지 않으신다. 그리고 기대할 게 없는 우리의 모습에 전혀 실망치 않으신다. 만약 아무것도 잘못된 게 없다면, 그분이 속량하실 것도 없을 것이다. 주님은 바로 당신, 그분의 눈에 사랑스런 당신이 처해있는 그 상황을 위해 오신 것이다.

여기서 구속자(redeemer)라는 이 단어를 살펴보면 도움이 될 것이다. 접두사 're'로 시작되며, 또 접미사 'er'로 끝난다. 물론 일꾼(worker), 운전기사(driver), 작가(writer)와 같이 이렇게 끝나는 단어들이 많이 있다. 일꾼이란 한번만 일하는 것이 아니라 계속적으로 일하는 사람을 말하며, 운전기사라면 평상시에 운전을 주업으로 하는 사람이며, 작가라면 글 쓰는 것을 계속하는 사람을 뜻한다. 구속자란 말도 마찬가지다. 한 번만 속량하는 사람이 아니라 계속적으로 그리고 습관적으로 구속하는 사람을 말한다. 일이 잘못될 때마다, 그분은 우리의 구속자로 거기 계신다. 또 다시 일이 그 시점이나 다른 곳에서 잘못되면, 그는 그것을 다시 온전하게 만드실 태세를 하고 계신다! 우리가 본 바와 같이 're'라는 접두사 안에 '다시'라는 뜻이 들어있다. 접두사와 접미사가 다 끊임없이 구속하심을 말하고 있는 것이다. 그러니 우리가 언제든 용기를 내어 재빨리 회개하며 우리를 그분께 맡겨드릴 수 있지 않는가!

여기서 우리는 이 사실을 통해 죄를 더 이상 무서워할 필요가 없다는 것을 알게 된다. 물론 우리가 죄짓기를 두려워하는 것은 건전한 일이지만(보디발의 아내에게 요셉이 대답하는 말을 생각해 보라), 우리가 여기서 말하고자 하는 것은 죄 자체를 무서워하지 않는 것을 말한다. 어떤 사람들은 혹시나 실패할까봐 너무 염려해서, 항상 긴장의 끈을 탄탄히 붙들고 있다. 물론 바로 이런 태도가 그들로 하여금 더 실패를 조장하는 꼴이 된다. 이 사람들은 마치 토끼가 뱀을 무서워하면서도 호기심을 내다가, 바로 그 두려움 때문에 뱀의 턱 안으로 제 발로 들어가는 것과 같다(뱀이 턱이라는 게 있을까?). 우리는 그럴 필요가 없다. 우리는 죄를 어떻게 처리해야 하는지 알고 있지 않는가. 일이 잘못되었을 때 그것을 속량하시는 분이 누구신지, 또 죄책과 자기 비난의 거센 소용돌이에서 우리를 자유케 하시는 분이 누구신지 우리는 알고 있기 때문이다.

>죽임 당하신 존귀하신 어린 양
>
>그의 보배로우신 피는
>
>결코 효험을 잃는 법이 없네.

우리가 예수님의 보혈의 능력을 의지할 때 죄를 지어도 되는 면허를 얻게 되는 것이 아니라, 단호히 죄를 거절하는 용기와 위력을 우리가 얻게 되는 것이다. 만약 모든 일이 우리에게 달려있다는 생각으로 승리의 칼날 위를 걸으며, 혹시 떨어지면 모든 것이 끝이라고 생각한다면, 그에게는 정말 끝이 되고 말 것이다! 하지만 기업 무를 자의 거듭 속량하시는 능력을 아는 자들에게는 그것이 결코 끝이 되지는 않는다.

이 장을 마무리하기 전에 다시 한번 기억해 두자. 옛날 히브리인들은 빚을 졌을 때, 그 땅을 돌려받거나 아니면 종살이에서 풀려나기 위해서 희년까지 기다릴 필요가 없었다. 만약 그에게 기업 무를 자가 있어서 그 근족이 능력이 있고 또 원하기만 하면, 그 토지와 몸을 당장 속량 받을 수 있었던 것이다. 더 큰 빚진 자인 우리에게는 모든 것이 남김없이 선을 이루며, 모든 눈물이 씻어지는 그런 희년의 축제가 참으로 천국에서 기다리고 있다. 하지만 죄로 인한 손실이 선을 이루게 되며, 우리의 눈물이 씻기우며, 문제들이 해결되기 위해서 그때까지 기다릴 필요가 없다. 예수께서 우리의 기업 무를 자가 되신 이상, 그 희년 훨씬 이전에 우리는 완전한 구속을 누릴 수가 있다! 한숨 속에 살 필요도, 영혼의 실패와 우리를 짓누르는 오점을 안고 살 필요도 없는 것이다. 하나님의 약속하신 말씀에 미치지 못하는 그런 자리에 주저 앉아 있을 필요가 없다. 우리 주 예수님의 구속 안에는 우리가 발견해야 할 더 많은 영역들이 숨어 있는 것이다.

4장

보아스의 밭에서 이삭 줍는 룻

"이삭을 주우러 다른 밭으로 가지 말라."

* * *

나오미의 남편 엘리멜렉의 친족 중 유력한 자가 있으니 이름은 보아스더라. 모압 여인 룻이 나오미에게 이르되 "나로 밭에 가게 하소서. 내 뒤게 은혜를 입으면 그를 따라서 이삭을 줍겠나이다." 나오미가 그에게 이르되 "내 딸아, 갈찌어다" 하매, 룻이 가서 베는 자를 따라 밭에서 이삭을 줍는데, 우연히 엘리멜렉의 친족 보아스에게 속한 밭에 이르렀더라.

마침 보아스가 베들레헴으로부터 와서 베는 자들에게 이르되 "여호와께서 너희와 함께 하시기를 원하노라." 그들이 대답하되 "여호와께서 당신에게 복 주시기를 원하나이다." 보아스가 베는 자들을 거느린 사환에게 이르되 "이는 뉘 소녀냐?" 베는 자를 거느린 사환이 대답하여 가로되 "이는 나오미와 함께 모압 지방에서 돌아온 모압 소녀인데 그의 말이 '나로 베는 자를 따라 단 사이에서 이삭을 줍게 하소서' 하였고, 아침부터 와서는 잠시 집에서 쉰 외에 지금까지 계속 하는 중이니이다."

보아스가 룻에게 이르되 "내 딸아, 들으라. 이삭을 주우러 다른 밭으로 가지 말고 여기서 떠나지 말고 나의 소녀들과 함께 있으라. 그들의 베는 밭을 보고 그들을 따르라. 내가 그 소년들에게 명하여 너를 건드리지 말라 하였느니라. 목이 마르거든 그릇에 가서 소년들의 길어온 것을 마실찌니라." 룻이 땅에 엎드려 절하며 그에게 이르되 "나는 이방 여인이어늘 당신이 어찌하여 내게 은혜를 베푸시며 나를 돌아보시나이까?"

보아스가 그에게 대답하여 가로되 "네 남편이 죽은 후로 네가 시모에게 행한 모든 것과 네 부모와 고국을 떠나 전에 알지 못하던 백성에게로 온 일이 내게 분명히 들렸느니라. 여호와께서 네 행한 일을 보응하시기를 원하며, 이스라엘의 하나님 여호와께서 그 날개 아래 보호를 받으러 온 네게 온전한 상 주시기를 원하노라." 룻이 가로되 "내 주여, 내가 당신께 은혜 입기를 원하나이다. 나는 당신의 시녀의 하나와 같지 못하오나 당신이 이 시녀를 위로하시고 마음을 기쁘게 하시는 말씀을 하셨나이다."

식사할 때에 보아스가 룻에게 이르되 "이리로 와서 떡을 먹으며 네 떡조각을 초에 찍으라." 룻이 곡식 베는 자 곁에 앉으니, 그가 볶은 곡식을 주매, 룻이 배불리 먹고 남았더라. 룻이 이삭을 주우러 일어날 때에 보아스가 자기 소년들에게 명하여 가로되 "그로 곡식 단 사이에서 줍게 하고 책망하지 말며, 또 그를 위하여 줌에서 조금씩 뽑아 버려서 그로 줍게 하고 꾸짖지 말라" 하니라.

룻이 밭에서 저녁까지 줍고 그 주운 것을 떠니 보리가 한 에바쯤 되는지라. 그것을 가지고 성읍에 들어가서 시모에게 그 주운 것을 보이고 그 배불리 먹고 남긴 것을 내어 시모에게 드리매, 시모가 그에게 이르되 "오늘 어디서 주웠느냐? 어디서 일을 하였느냐? 너를 돌아본 자에게 복이 있기를 원하노라." 룻이 누구에게서 일한 것을 시모에게 알게 하여 가로되 "오늘 일하게 한 사람의 이름은 보아스니이다." 나오매가 자부에게 이르되 "여호와의 복이 그에게 있기를 원하노라.

그가 생존한 자와 사망한 자에게 은혜 베풀기를 그치지 아니하도다." 나오미가 또 그에게 이르되 "그 사람은 우리의 근족이니, 우리 기업을 무를 자 중의 하나이니라." 모압 여인 룻이 가로되 "그가 내게 또 이르기를, '내 추수를 다 마치기까지는 내 소년들에게 가까이 있으라' 하더이다." 나오미가 자부 룻에게 이르되 "내 딸아, 너는 그 소녀들과 함께 나가고 다른 밭에서 사람을 만나지 아니하는 것이 좋으니라." 이에 룻이 보아스의 소녀들에게 가까이 있어서 보리 추수와 밀 추수를 마치기까지 이삭을 주우며 그 시모와 함께 거하니라(룻 2:1-23).

* * *

우리가 이 이야기의 페이지를 넘겨가다 보면, 우리의 관심이 처음에는 나오미에게서 나중에는 보아스에게로 옮겨가게 된다. 지금은 이 책의 제목이 된 룻에게 초점이 와 있다. 이 모압에서 온 가난에 찌들린 젊은 과부의 이야기는 나중에 이스라엘의 왕비가 되며, 예수 그리스도의 조상이 되는 달콤한 로맨스를 자아내는 이야기로 이어진다. 만약 여러분이 실제로 그녀가 예수 그리스도의 조상이 되게 되는 것을 알지 못한다면, 마태복음 1장을 펴보라. 그녀의 이름이 메시아의 육신적 계보에 빛나고 있는 것을 발견하게 될 것이다. 그리고 나중에 그것을 더 자세히 알게 된다.

그녀에게 일의 발단은 모압 땅에서 그녀의 시모를 쫓아 유다 베들레헴으로 가기로 한 중대한 결정과 더불어 시작된다.

"나로 어머니를 떠나며 어머니를 따르지 말고 돌아가라 강권하지 마옵소서. 어머니께서 가시는 곳에 나도 가고, 어머니께서 유숙하시는 곳에서 나도 유숙하겠나이다. 어머니의 백성이 나의 백성이 되고, 어머니의 하나님이 나의 하나님이 되시리니, 어머니께서 죽으시는 곳에서 나도 죽어 거기 장사될 것이라."

일반적인 경우, 그녀의 동서 오르바처럼 그녀에게 친숙한 백성과 이전에 섬기던 신들에게 돌아가서 거기서 다른 남편을 만나는 것이 보통이다. 나오미는 그녀가 자기 가족에게로 돌아갈 것이라 기대하고 그녀에게 나은 길을 권유했다. 만약 그녀가 돌아갔다 하더라도 우리는 그녀를 비난할 수 없는 일이다. 왜냐하면 그녀는 나오미와는 아무런 혈연이 없었기 때문이다(말하자면 어쩌다 그녀의 아들과 몇 달간 결혼생활한 게 고작이다). 게다가 나오미도 그녀에게 베풀어 줄 게 없다고 하지 않았던가.

하지만 룻은 그 편을 택하지 않았고, 그것은 그녀에겐 중차대한 선택이었다. 그것은 곧 빈털터리로 베들레헴으로 따라가서 아무런 전망도 없이 나오미와 함께 가난을 겪어야 하는 일이었다. 무엇보다도 그것은 그녀에게는 생활 방식이나 습관을 모르는 전혀 낯선 백성들 속에서 살아가야 하는 것이었다. 그렇다. 그것은 콧대 높은 이스라엘인들이 이 이방인을 어느 수준까지 같이 살도록 환영해 줄 것인지 불분명한 일이었다. 하지만 그녀는 그 길을 택한 것이다.

우리가 그녀의 말을 좀 더 자세히 살펴보면, 그녀의 결심 속에는 세 가지 특징적인 선택이 점진적인 순서로 들어있는 것을 볼 수 있다. 얼른 보아도 그녀가 나오미를 따라 고향으로 돌아가려고 한 것은 오직 그 시모를 향한 사랑과 충성심 때문이라는 것을 금방 알 수 있다. 그다음 그녀는 나오미의 백성을 자기 백성으로 선택했다. 왜냐면, 이제 그들과 함께 살아야 하기 때문이다. 그리고 그렇게 하는 것이 곧 그들의 하나님을 자기 하나님으로 모셔야 하는 것이라면, 그녀는 기꺼이 그렇게 하기로 결심하고 그것까지 따르려고 하고 있다.

하지만 여기서 룻이 선택한 순서가 사실 이것과는 정반대였을 것이라 생각한다. 그녀는 나오미와의 정 때문이기 보다는 먼저 시모가 여호와라고 부르는 분에게 더 끌렸을 것이다. 룻은 그분이 죄인의 하나님이며, 은혜의 하나님이심을 보았기 때문에 그분을 택한 것이다. 그래서 그녀는 그 백성을 선택하게 되었다. 그녀는 이렇게 말했을 것이다. "만약 여호와를 자기 하나님으로 삼는 백성이라면, 그 은혜의 혜택 아래 살 테니까 분명 행복하겠지. 그러니까 그들을 나의 백성으로 삼을 거야. 그들과 함께 살게 되면 나도 그들이 누리는 것을 누릴 수 있겠지." 그리고 다음, 나오미를 따랐을 것이다. 그녀의 회개의 눈물 속에서 룻은 첫눈에 은혜의 하나님을 보았던 것이다.

베들레헴에 왔을 때에도 생계를 꾸릴 유일한 방법이 비천한 이삭 줍는 일밖에 없었지만 그녀는 만족해했다. 곡식 베는 사람과 이삭을 줍는 사람은 엄연히 다르다. 곡식을 베는 사람은 정해진 일꾼이며 품삯을 받는다. 하지만 이삭을 줍는 사람들은 그런 신분이 아니다. 그저 그 땅에서 곡식 베는 자들이 흘리고 간 곡식 단 부스러기를 줍도록 허락된 가난한 자들이다. 이것이 룻이 처한 낮은 위치였다. 그런 처지에서도, 저자가 말했듯이 그녀는 만족했으며, 스스로 그런 비천한 일을 하면서도 즐거이 속삭였으리라 추측하고 싶다. "이런 하나님을 섬기며, 이 백성들 속에서 이삭 줍는 사람으로 있는 편이, 다른 곳에서 후한 품삯을 받으며 곡식 베는 사람으로 있는 것보다 나아."

4장 보아스의 밭에서 이삭 줍는 룻

저자가 룻의 생각과 반응들을 확대한 것을 독자들도 공감하리라 믿는다. 저자가 그것을 묵상하면 할수록, 성경 속에 그 내용이 내포되어 있다는 것을 확신하게 된다. 어쨌든 거기에는 그리스도인들에게 중요한 무언가가 숨어 있다. 그에게도 심오한 진리는 때로 똑같은 식으로 시작된다. 그가 필요로 하는 바로 그 축복이 다른 그리스도인의 삶 속에서 가시화되며, 그의 신앙생활 속에서 한번도 체험치 못한 그런 평화롭고 눈부신 모습의 신앙인들을 때로 만나게 된다. 그들에게 가까이 가서 그들이 체험한 것들을 함께 듣게 되면, 그들이 순간마다 십자가 아래 죄인의 자리에 돌아가서 회개하며, 바로 그곳에서 그들의 기쁨과 자유가 공급된다는 것을 깨닫게 된다. 그들의 하나님이 좋은 사람들의 하나님이라 생각하며, 축복을 받기 위해서는 어떤 높은 기준에 도달해야 하며, 엄격한 조건들을 달성해야 할 것이라 생각하지만, 그에게 그것들은 결코 이룰 수 없는 것들이다. 그러나 그 간증들을 듣는 가운데 그들의 하나님은 그런 하나님이 아니라 **죄인**들의 하나님, 곧 은혜의 하나님이라는 것에 서서히 눈을 뜨게 된다. 그들에게서 다른 것이 있다면, 그것은 이전에 알지 못했던 은혜의 자리에 서서 사는

법을 배웠다는 것뿐이다.

이제 그는 예수님에 대한 새로운 시각을 갖게 되며, 실패한 성도들을 위해 그분께서 한없이 좋은 것들을 소유하고 계심을 알게 된다. 그의 참모습이 그런 처지임을 고백하기만 한다면 말이다. 그렇게 되면, 그들의 하나님, 즉 죄인들의 하나님을 그의 하나님으로 섬기기를 희망하게 된다. 왜냐하면 자신의 죄로 인해 그도 또한 자격이 있음을 알게 되었기 때문이다. 그리고 그는 나아가 말하게 될 것이다. "이렇게 사는 축복을 누리는 백성이 있다면 그들을 나의 백성으로 삼을 거야. 그들과 함께 어울려서 그들이 보는 것을 나도 볼 거야. 그러면 그들이 누리고 있는 무언가가 아마 내게도 찾아오겠지."

그리고 그는 이제 그들 속에 자리 잡고 이삭 줍는 한 사람으로 은혜의 밭에 서게 될 것이다. 즉 진리를 찾는 사람, 하지만 아직 발견하지는 못한 사람으로. 이러한 행동은 우리의 신앙 생활 속에서 뭔가가 결여 되어 있음을 인정하는 참으로 낮아지는 자세이다. 특히 만약 여러분이 어떤 모습이든 지도자의 한 사람이라면 더더욱 그러하다. 하지만, 바로 이것이 우리가 시작하는 자리인 것이다. 풍성한 그리스도인의 삶을 향한 첫

걸음은 먼저 여러분이 그것을 소유하지 못하고 있음을 고백함으로 시작된다. 당신의 처지를 분명히 직시하라.

어느 사역자 회합의 개회순서에서 우리 각자가 왜 그곳에 참석하게 되었는지 소개하는 시간이 있었던 적이 있다. 저자는 거기서 어느 한 사역자가 한 말을 결코 잊을 수 없다. "저는 실패한 교구의 실패한 목사입니다." 발견한 자가 아니라 찾고 있는 자로 왔다는 것을 고백하는 겸손함이 그에게는 있었다. 이 사람보다 은혜받기에 더 적합한 자가 또 있을까?

저자가 언젠가 먼 지역에서 사역하는 미국 선교사 한 사람을 만난 적이 있다. 그는 그곳에서 노선이 다른 교파로 아주 특별한 사역을 하고 있었다. 주님께서 집회시간마다 깊이 역사하셔서 많은 남녀 참석자들이 주님 앞에 죄를 회개하며, 그것을 통해 그들이 누리고 있는 은혜의 체험들을 나누는 것을 그가 보고 듣게 되었다. 그들이 만난 하나님이 죄인들의 하나님이심을 그가 보게 된 것이다. 그리고는 비로소 그가 이전에 알고 있었던 것들이 대부분 이론에 불과했다는 것을 깨닫게 되었다. 그가 내게 말했다. "이게 바로 제가 찾던 것입니다! 영국에 이런 집회가 있다고 말씀하셨지요. 바로 이런 것들을 함께 배우며, 또 그런 식으로 산다고요. 저도 그곳에 당신들과 함께 어울릴 수 있습니까?" 그는 기꺼이 수천 마일을 건너 이삭 줍는 사람이 되기 위해 오려고 했다. 은혜의 하나님이심을 깨닫고 그 은혜의 땅에서 사는 사람들 속에서 말이다.

사람들의 마음을 움직인 룻

룻에게서는 중대한 선택이 될 수밖에 없었던 이 일은 베들레헴에 사는 모든 사람들에게 깊은 인상을 남겼다. 그리고 "모압 땅에서 나오미와 함께 돌아온 젊은 모압 여인"으로 알려지게 되었다. 그들을 감동시켰던 것은 단지 나오미와 함께 돌아왔다는 이유뿐만은 아니었다. 그들 중의 한 사람이 되기 위하여 그리고 그들의 하나님의 품에서 은신처를 찾기 위하여 그토록 많은 것들을 포기해야 했다는 것 때문이기도 했다. 그래서 그들은 그녀에게 끌렸던 것이다. 이 이방 소녀에 관한 소문은 보아스의 귀에까지 들어왔고, 그녀가 그의 밭에 모습을 드러내기 전부터 그것은 분명 그에게 깊은 인상을 심겨주었을 것이다. 그가 얼마나 깊은 인상을 받았는지는 그녀를 처음 만났을 때 그가 한 말에서 알 수 있다.

네 남편이 죽은 후로 네가 시모에게 행한 모든 것과, 네 부모와 고국을 떠나 전에 알지 못하던 백성에게로 온 일이 내게 분명히 들렸느니라. 여호와께서 네 행한 일을 보응하시기를 원하며, 이스라엘의 하나님 여호와께서 그 날개 아래 보호를 받으러 온 네게 온전히 상 주시기를 원하노라.

그가 처음에 그녀에게 끌렸던 것은 그녀가 젊고 매력적일지도 모른다는 생각 때문도 아니었고, 그가 기업을 무를 권리가 있는 그 가족의 가까운 친족이기 때문도 아니었다는 것은 아주 명백한 사실이다(그 사실을 그 당시에는 양쪽에서 다 모르고 있었다). 그가 그녀에게 참으로 끌렸던 것은 오직 도덕적이며 영적인 통찰력으로 그녀가 내린 감동적인 선택 때문이었다는 것은 너무나 자명한 일이다.

그 때문에 그녀가 "우연히 보아스에게 속한 밭에 이르렀"을 때에, 그는 그녀에게 특별히 관심을 갖게 되었고, 보통 이삭 줍는 자들에게 어울리지 않는 특별한 호의를 베푼 것이었다. 먼저 그의 밭에 들어온 그녀를 환영하며 이삭을 주우러 다른 밭으로 가지 말라고 했다. 일반적으로 농부들은 이삭 줍는 사람들을 눈감아 주지만 환대하지는 않는다. 그다음, 그는 그녀에게 곡식 베는 자들이 길러온 그릇에 가서 물을 마시도록 허락했다. 이삭 줍는 사람들에게는 보통 그런 권리가 없다. 뿐만 아니라, 그 소년들에게 그녀를 건드리거나 괴롭히지 못하도록 지시했음을 알려 그녀를 안심시켰다. 그리고 점심이 되자, 그의 곁에 앉아 곡식 베는 자들과 함께 그녀가 떡을 떼어 초에 찍어 먹도록 했다. 곡식 베는 자들은 이삭 줍는 자들에게 음식을 제공할 아무런 의무도 없었다. 그들은 하루를 마칠 때까지 그저 굶주릴 수밖에 없었던 것이다. 하지만 보아스는 그녀를 그들과 함께 식사하도록 했을 뿐 아니라, 자신이 직접 볶은 곡식을 그녀에게 건네주어 배불리 먹도록 했다. 뿐만 아니라, 오히려 남는 것을 시모에게까지 갖다 주도록 했다. 나중에는 그의 일꾼들에게 명하여 곡식 단 사이에서 그녀가 이삭을 줍도록 해 주었다. 보통의 경우, 그들이 일꾼들에게 너무 가까이 보이면, 근처에 얼쩡거리지 못하도록 지시를 한다. 하지만 보아스는 그녀가 그렇게 하도록 일꾼들에게 지시를 했고, 또 "그녀를 책망하지 않도록" 했다. 그리고 나아가 그는 일꾼들에게 "그녀를 위하여 줌에서 조금씩 뽑아 버려서 그녀로 줍게" 하도록 귀띔을 해주었다. 그리고 다시 한번 "그녀를 꾸짖지 말라"고 당부한 것이다. 좋은 남자가 설혹 있다손 치더라도, 이처럼 넓은 마음을 가진 신사가 있을 수 있을까!

그렇다면 그 결과는 무엇인가. 그렇다. 그것은 곧 보아스의 밭이 진정 은혜의 밭이라는 것을 룻이 깨닫게 된 것이다. 이삭 줍는 사람들은 오래 일하지만 얼마 얻지 못한다. 그러나 그녀는 적은 노력으로 많은 것을 모을 수 있었다. 룻은 그 은혜에 완전히 압도되었고, 정말 글자 그대로 "땅에 엎드려 그에게 절하며" 묻는다. 저에게 왜 이렇게까지 하십니까? 왜, 왜입니까? "나는 이방 여인이어늘 당신이 어찌하여 내게 은혜를 베푸시며 나를 돌아보시나이까?" 그의 대답은 간단하다. "네가 한 모든 일이 분명 내 귀에 들렸느니라."

만약 다른 사람이 이 말을 우리에게 했다면, 우리는 조금은 불안해 했을 것이다. 그가 우리의 숨겨진 죄들을 낱낱이 들추어낼 것이라고 생각하게 되기 때문이다. 하지만 보아스는 그렇지 않았다. 그는 그 가난한 가운데서도 그녀가 내렸던 깊이 있고 값진 선택을 열거하면서 크게 감동을 받았던 것이다. 그리고 내 생각엔 그가 조금은 목이 매여 말했을 지도 모른다. "여호와께서 네 행한 일을 보응하시기를 원하며, 이스라엘의 하나님 여호와께서 그 날개 아래 보호를 받으러 온 네게 온전한 상 주시기를 원하노라."

헐벗은 이삭 줍는 소녀 룻을 향한 보아스의 관대함은 자신이 낮아져 실패한 그리스도인이라고 스스로 고백하며 죄인들의 하나님을 자기 하나님으로 모시는 자들을 향한 주 예수님의 광대하신 은혜에 비하면 아무것도 아니다. 일단 우리가 이런 자세를 취하게 되면, 이만하면 충분하다고 스스로를 내세울 때 우리가 깨달을 수 없었던 하나님의 특별한 관심의 대상이 되고 있음을 알게 된다. 우리가 그분 앞에 고개를 숙이고 우리의 실패와 빈곤을 인정하며, 오직 예수님만이 죄인들에게 선한 일을 이루실 수 있다는 것을 깨닫게 되면, 사랑과 격려와 도움이 정말 아주 특별하며 벅찬 방법으로 우리의 모든 환경으로부터 오는 것을 우리는 발견하게 된다. 우리 삶의 전 영역에 한줌 한줌 소중한 약속들이 의도적으로 흩어져 있는 것을 발견하게 되며, 우리가 그것들을 줍는 동안 우리 귀에 거듭거듭 울려오는 소리를 마찬가지로 듣게 될 것이다. "그녀를 책망하지 말고, 꾸짖지 말라." 그리고 우리는 깨닫게 될 것이다. 우리가 비록 가난한 이삭 줍는 사람에 불과하지만, 우리가 줍고 있는 그 밭은 실상 은혜의 밭이라는 것을. 예수께서는 우리가 기대하지도, 그리고 감히 누릴 자격도 없는 그런 일들을 우리를 위해 행하고 계시며, 그러한 것들은 앞으로 더 주어지게 될 보장에 불과하다는 것을 깨닫게 된다.

이 말은 그저 달콤한 시적인 표현이 아니라 진리인 것이다. 신약성경은 말하고 있다. "하나님이 세상에 그 아들을 보내신 것은 세상을 심판하려 하심이 아니요, 저로 말미암아 세상이 구원을 받게 하려 하심이라"(요 3:17). 만약 하나님께서 세상을 심판치 않으신다면, 자신을 정직하게 인정하며 실패자의 자리에 선 성도들을 심판치 않으신다는 것은 당연한 일이다. 구약과 신약에서 죄인을 다루시는 하나님의 손길을 보면, 그에게로 돌이키는 가장 악한 왕 므낫세로부터 간음 중에 잡힌 여인에 이르기까지 모두 그분은 긍휼을 베푸시기를 기뻐하신다.

그러한 은혜에 정신없이 압도되어 우리는 룻과 같이 묻게 될 것이다. "제가 어떤 사람인 줄 다 아시는데 당신이 어찌하여 은혜를 베푸시며, 나를 돌아보시나이까?" 주님은 보아스가 룻에게 말한 것처럼 말씀하실 것이다. "네가 행한 모든 것이 내게 분명 들렸느니라." 그분은 우리가 저질렀던 죄를 지적하시는 것보다, 그러한 죄에 대한 우리의 탄식들과, 우리가 정직한 모습으로 시작하는 것을 주목하실 것이다. 그리고 "그의 흘리신 피에 풍성한 구속이 있다"는 말씀에 희망을 거는 연약한 믿음을 주님은 눈여겨보고 계신다. 바로 이런 것들이 주님의 마음을 빼앗아 우리를 도우실 수밖에 없도록 하는 것이다. 그리고 주님은 때때로 오셔서 말씀하신다.

"네 기도에 응답하러 왔단다!"

"기도한 적이 없는데요, 주님."

우리는 대답할 것이다.

"너무 지쳐서 기도할 힘이 없어요."

주님께서 물으신다.

"너 한숨 쉬었잖니?"

"네, 주님. 제가 탄식했어요."

주님은 말씀하신다.

"그래, 그게 바로 너의 기도야."

"내가 바로 그 기도를 응답하러 온 거야."

무화과나무 아래 있는 나다나엘

그것은 나다나엘과 아주 흡사한 경우이다. 예수께서는 그에 대하여 다 아시는 것처럼 말씀하신다. "보라, 이는 참 이스라엘 사람이라. 그 속에 간사한 것이 없도다"(요 1:47). 하지만 나다나엘은 그를 이전에 만난 적이 한번도 없었다.

"어떻게 나를 아시나이까?" 나다나엘은 당연히 물을 수밖에 없었다.

"빌립이 너를 부르기 전에 네가 무화과나무 아래 있을 때에 보았노라." 예수께서 대답하신다.

나다나엘은 깜짝 놀랐다. 왜냐하면 그 무화과나무 아래는 아마 내 생각에는 그에게 세상에서 가장 은밀한 장소였을 것이기 때문이다. 그곳은 그가 혼자서 생각하고 싶을 때 찾아가는 장소였을 것이다. 그러나 예수께서는 그 무화과나무 아래에서 무슨 일이 일어나고 있었는지 알고 계셨다. 그리고 그날 그곳에서 일어난 일 때문에 주님은 "보라, 이는 참 이스라엘 사람이라. 그 속에 간사한 것이 없도다"라고 말씀하실 수 있었던 것이다.

주님께서 "그 속에 죄가 없도다"라고 하지 않으시고, "그 속에 간사함이 없도다", 곧 죄를 숨기는 것이 없다고 하신 말씀에 주목해 보라. 그렇다면 여러분은 그 무화과나무 아래에서 무슨 일이 있었다고 생각할 수 있는가? 저자는 오직 한 가지밖에 생각할 수 없다. 그곳에서 나다나엘은 자신의 참모습을 직시하고, 그가 깨달은 자신의 모습 모두를 그가 깨달은 하나님께 고백했을 것이다. 그때까지만 해도 그는 그 이상 알 수 없었으며, 발견한 자가 아니라 찾고 있는 자였지만, 바로 그것 때문에 하나님의 은혜가 그를 만나주시고, 예수께서 그에 대하여 그렇게 말씀하실 수 있었던 것이다. 무화과나무 아래에서 있었던 일은 오직 하나님만이 아신다. 그래서 나다나엘은 지금 그와 이야기하며 자신에 관하여 알고 있는 이 분이 하나님이심을 알 수 있었던 것이다. 그리고 그는 고백한다. "당신은 하나님의 아들이시오, 당신은 이스라엘의 임금이로소이다!"

우리 속에 하나님의 은혜가 우리를 만나주시도록 하는 무언가가 있다고 한 말에 여러분은 의문을 제기할 것이다. 그리고 말할 것이다. "하지만 은혜라는 것은 우리를 만나주시도록 할 만한 것을 우리 속에서 구태여 찾지 않는 것이라 생각합니다.

은혜란 아무런 선한 것이 없는 자에게 주시는 하나님의 사랑이라고 생각하는데요. 그렇지 않다면 은혜가 더 이상 은혜가 될 수 없지 않을까요?" 그렇다면 우리가 말하고 있는 이 은혜가 우리를 만나주시도록 하는 것은 과연 무엇인가? 그것은 곧 우리 속에 선한 것이 없으며, 그 은혜가 만나주시도록 하는 것이 아무것도 없다는 것을 고백하는 것 밖에 없을 것이다. 그것만이 우리 속에서 은혜가 은혜 되기를 멈추지 않게 하는 유일한 것이다. 참으로 그렇다. 이런 고백이 있는 곳에 우리는 은혜를 받기에 가장 확실한 적격자로 설 수 있는 것이다. 우리에게 모든 게 다 괜찮다고 믿는 한 결코 될 수 없는 그런 은혜의 적격자로 말이다. 만약 은혜가 죄인들에게 베푸시는 하나님의 사랑이라면, 그것은 곧 우리에게 베푸실 것들을 받기 위해서는 우리가 죄인임을 인정해야 된다는 말이다. 하나님께서 "경건치 않은 자를 의롭다"라고 하신다는 것이 진리라면, 그분이 우리를 의롭다고 하시기 위해서는 우리가 경건치 않음을 인정해야 된다는 말이다. 우리가 진리를 애써 외면하기를 그치고 하나님께 동의하는 순간 바로 우리는 그 은혜의 적합한 수혜자가 될 것이다.

우리를 사랑하시는 주님의 놀라운 은혜여,
우리의 죄와 허물을 넘어서는 은혜로구나.
저기 갈보리 산에서 부어졌음이여,
어린 양께서 피를 흘리신 그곳에서.

이처럼 룻이 이방 여인이며 외국인이면서도 여호와를 자기 하나님으로 삼으며 그의 백성을 자기 백성으로 택했다는 것이 보아스의 마음을 쏠리게 했다는 것은 명백한 사실이다. 그리고 그녀가 그를 알기 전부터 보아스가 그녀에 관하여 이 모든 것들을 알고 있었다. 우리가 무화과나무 아래 있는 것을 하나님께서 미리 알고 계심을 생각해 보면, 다윗과 같이 우리도 말하지 않을 수 없을 것이다. "이 지식이 내게 너무 기이하니 높아서 내가 능히 미치지 못하나이다"(시 139:6).

다른 밭에 가서 줍지 말라

룻이 보아스의 손에서 은혜를 발견하게 되었다는 것을 미루어 볼 때, 그녀에게 한 그의 말의 중요성이 무엇인지 헤아릴 수 있게 된다. "이삭을 주우러 다른 밭으로 가지 말며 여기서 떠나지 말고 나의 소녀들과 함께 있으라." 만약 이렇게 후한 친절과 풍성한 은택을 그의 밭에서 입으면서도 더 많은 것을 구하려고 다른 밭으로 가려고 한다면 얼마나 이상했을까. 나오미도 있었던 일들을 모두 듣고 나서 그녀에게 같은 조언을 하고 있다. "내 딸아, 너는 그 소녀들과 함께 나가고 다른 밭에서 사람을 만나지 아니하는 것이 좋으니라." 그녀의 이 말은 곧 그의 밭에서 이처럼 후한 환대를 받고 있는 사람이 만약 당신이라면 다른 밭에서 이삭을 줍고 있는 당신을 그들이 보게 된다면 얼마나 당황스런 일일지를 보여주는 것이다. 사람들은 당신에게 나무라는 눈빛을 보낼 것이며, 또 보아스에겐 당신에게 베푼 호의가 충분치 않거나 끊어져버린 것으로 알고 질책의 말들을 던질 것이다. 하지만 일어난 일에서 볼 수 있듯이, 실상 보아스의 밭은 그녀에게 이스라엘의 다른 어느 밭보다 한없는 약속이 보장된 곳이었다.

이것은 우리에게도 중요한 말이다. 이 은혜의 밭을 떠나 다른 곳에 가서 이삭을 줍지 말라. 예수님의 십자가 아래서 찾을 수 있는 해답 외에 다른 것을 찾으려 하지 말라. 물론 이 은혜의 밭에서 이삭 줍기를 계속한다는 말은 곧 끊임없이 회개한다는 말이다. 하나의 죄뿐만 아니라 그다음도 마찬가지로 계속 회개함을 뜻한다. 십자가는 바로 죄를 위해 있는 것이며, 이 은혜의 밭에 계속 머물기 위해서 당신은 순간순간 그것을 의지해야만 한다. 하지만 우리의 부족을 끊임없이 인정하는 이 길만을 걷게 되면 당신은 때로 보채게 되며, 이런 식으로 계속 가면 아무것도 이룰 수 없을 것이라고 말할지도 모른다. 하지만 승리는 어디에 있단 말인가? 사랑하는 이여, 그곳에 계속 머물라. 이삭을 주우러 다른 밭으로 가지 말고, 예수 외에 다른 것을 더하거나, 당신의 화평을 위하여 주님이 다 이루신 십자가의 사역에 뭔가 더하려고 찾지 말라. 주님은 그곳에서 반드시 당신을 만나 주실 것이며, 당신에게 구속과 부흥의 체험을 안겨 주실 것이다. 뿐만 아니라, 그것도 끊임없이 그리고 당신이 바라던 것보다 훨씬 더 풍성하게 말이다.

룻은 그녀가 이삭을 줍는 밭의 주인이 그녀의 근족, 곧 **고엘**이며 그 가족의 손실을 속량하고 큰 부를 안겨줄 인물이라는 것을 꿈에도 몰랐다. 하지만 실상 그러했다. 그래서 그 옛날 찬송시는 노래한다. "십자가를 붙들라. 네 짐이 벗어지리라."

모든 게 당신이 바라는 것처럼 금방 달라지지 않을 수도 있겠지만 안심하라. 그곳에서 달라지지 않는다면 달라질 다른 곳은 없다. 당신이 그곳에 계속 머물러 이삭을 주우러 다른 곳에 가지 않는다면, 우리 짐들은 반드시 벗겨지며 모든 것이 다 바른 자리를 찾게 될 것이다.

그렇다. 우리가 마음만 먹는다면, 이삭을 주울 수 있는 (은혜의 밭 대신에) 다른 밭도 있을 것이다. 여기서 이 다른 밭들이 무엇을 의미하는지 설명하는 것이 적합지 않을 것 같다. 어쨌든 이 '다른 밭'이라는 것은 사람들 간에 그리고 상황에 따라 다를 것이다. 오직 성령님만이 당신이 은혜의 밭을 떠나서 다른 밭으로 이삭을 주우러 가는 것을 깨닫게 하실 것이다. 사람마다 다르겠지만, 이 차선의 길들은 거의 모든 경우 하나의 공통점을 가지고 있다. 그것들은 예외 없이 우리를 죄인이 아닌 어떤 다른 신분으로 말하며, 그런 우리로서는 할 수 없는 것들을 제시한다는 것이다. 승리를 얻기 위해서 우리가 지켜야 할 규율과 터득해야 할 경험들 그리고 우리가 내디뎌야 할 걸음들을 요구한다. 하지만 그것들은 우리가 그다음 걸음들은 고사하고 첫걸음조차 뗄 수 없을 정도로 연약하다는 것을 망각하고 있다. 그 결과 우리는 긴장하게 되며, 우리 스스로의 노력으로 발버둥치지만 아무런 진척이 없다. 이것은 곧 죄인에게 예수 한분만으로 충분치 못하기에 우리가 실제로 뭔가 그분께 더 추가해야 한다는 것을 의미한다. 우리에게 더 추가해야 할 것이 없다면, 체험하고자 하는 어떤 느낌이라도 더하려는 것이다. 그렇게 되면 우리가 주님께 더했던 그것은 예외 없이 주님보다 우리에게 더 중요한 것이 되며, 주님은 우리에게 아무런 일도 하실 수 없게 만드는 것이 되고 만다.

그리스도께 더 추가하는 이 모든 것들은 실상 바울 사도가 그의 서신서에서 말한 행위의 미묘한 종류에 불과한 것이다. "성령으로 시작하였던" 우리가 다른 밭에서 "육체로 마치려고 하는" 모습을 우리 형제들이 본다면 얼마나 당혹스런 일이겠는가!(갈 3:3) 하지만 우리는 정도의 차이야 있겠지만 모두들 그렇게 하며, 때로 우리 자신의 힘으로 항상 "뭔가 새로운 일에 진취적"이라는 명성을 얻기도 한다. 그리고 그 새로운 일은 결국 우리를 절망과 낙심에 빠지게 한다. 은혜의 밭에 돌아오는 것, 곧 십자가 아래로 돌아오는 것이 얼마나 큰 안식인가. 그곳은 자신의 궁핍함을 고백하는 가난한 자들을 위해 모든 것들이 항상 선물로 예비되어 있는 곳이다.

그래서 룻은 다른 밭으로 가지 아니하고 그녀가 처음 일하던 밭에 안주했다. 하지만 이야기의 이 시점에서 그녀는 아직도 이삭을 줍는 여인에 불과하였다. 그녀를 위해 예비된 더 큰 운명은 아직 생각지도 못한 채 말이다. 더더욱 누리는 것은 고사하고. 그러나 그녀가 누구의 밭에서 이삭을 줍는지 이름 정도는 알게 되었다. 저녁이 되어 나오미가 "오늘 어디서 주웠느냐?"고 물었을 때, 그녀는 대답했다. "오늘 일하게 한 사람의 이름은 보아스니이다." 그 이름이 그녀의 입술에서 처음으로 흘러나왔다. 하지만 그 이름이 그녀에게 얼마나 달콤한 이름인지 그리고 그 이름의 소유자가 그녀에게 얼마나 큰일을 하게 될 것인지를 그녀는 아직 모르고 있었다. 날이 갈수록 그녀는 깨닫게 될 것이다. 노래할 이유가 있다는 것을.

> 보아스라는 그 이름 얼마나 감미롭게 들리는가,
> 가난한 이삭 줍는 여인의 귀에는.
> 그녀의 슬픔 달래주며, 마음의 상처 감싸주네.
> 그 여인의 두려움 멀리 멀리 사라지네.

5장
보아스의 발치에 누운 룻

"한 여인이 자기 발치에 누웠는지라…."

* * *

룻의 시모 나오미가 그에게 이르되 "내 딸아, 내가 너를 위하여 안식할 곳을 구하여 너로 복되게 하여야 하지 않겠느냐? 네가 함께 하던 시녀들을 둔 보아스는 우리의 친족이 아니냐? 그가 오늘 밤에 타작마당에서 보리를 까불리라. 그런즉 너는 목욕하고 기름을 바르고 의복을 입고 타작마당에 내려가서, 그 사람이 먹고 마시기를 다 하기까지는 그에게 보이지 말고, 그가 누울 때에 너는 그 눕는 곳을 알았다가 들어가서 그 발치 이불을 들고 거기 누우라. 그가 너의 할 일을 네게 고하리라." 룻이 시모에게 이르되 "어머니의 말씀대로 내가 다 행하리이다" 하니라.

그가 타작마당으로 내려가서 시모의 명대로 다 하니라. 보아스가 먹고 마시고 마음이 즐거워서 가서 노적거리 곁에 눕는지라. 룻이 가만히 가서 그 발치 이불을 들고 거기 누웠더라. 밤중에 그 사람이 놀라 몸을 돌이켜 본 즉 한 여인이 자기 발치에 누웠는지라. 가로되 "네가 누구뇨?" 대답하되 "나는 당신의 시녀 룻이오니 당신의 옷자락으로 시녀를 덮으소서. 당신은 우리 기업을 무를 자가 됨이니이다."

가로되 "내 딸아, 여호와께서 네게 복 주시기를 원하노라. 네가 빈부를 물론하고 연소한 자를 좇지 아니하였으니 너의 베푼 인애가 처음보다 나중이 더하도다. 내 딸아, 두려워 말라. 내가 네 말대로 네게 다 행하리라. 네가 현숙한 여인인줄 나의 성읍 백성이 다 아느니라. 참으로 나는 네 기업을 무를 자니 무를 자가 나보다 더 가까운 친족이 있으니 이 밤에 여기서 머무르라. 아침에 그가 기업 무를 자의 책임을 네게 이행하려 하면 좋으니 그가 그 기업 무를 자의 책임을 행할 것이니라. 만일 그가 기업 무를 자의 책임을 네게 이행코자 아니하면 여호와의 사심으로 맹세하노니 내가 기업 무를 자의 책임을 네게 행하리라. 아침까지 누울찌니라."

룻이 새벽까지 그 발치에 누웠다가 사람이 피차 알아보기 어려울 때에 일어났으니 보아스의 말에 "여인이 타작마당에 들어온 것을 사람이 알지 못하여야 할 것이라" 하였음이라. 보아스가 가로되 "네 겉옷을 가져다가 펴서 잡으라." 펴서 잡으니 보리를 여섯 번 되어 룻에게 이워주고 성으로 들어가니라.

룻이 시모에게 이르니 그가 가로되 "내 딸아, 어떻게 되었느냐?" 룻이 그 사람의 자기에게 행한 것을 다 고하고 가로되 "그가 내게 이 보리를 여섯 번 되어 주며 이르기를 '빈손으로 네 시모에게 가지 말라' 하더이다." 이에 시모가 가로되 "내 딸아, 이 사건이 어떻게 되는 것을 알기까지 가만히 앉아 있으라. 그 사람이 오늘날 이 일을 성취하기 전에는 쉬지 아니하리라"(룻 3:1-18).

* * *

룻이 이삭을 줍는 밭의 주인 이름이 보아스라고 그 시모에게 말했을 때, 나오미는 갑자기 벌떡 일어났을 것이라고 추측해보고 싶다. 그 이름을 듣는 순간 그들의 형편에 엄청난 영향을 미칠 두 가지 사실을 깨닫게 된 것이다.

그녀는 말한다. "그 사람은 우리의 근족이니, 우리 기업을 무를 자 중 하나이니라." 그녀가 알게 된 두 가지 사실은 그녀가 언급한 두 말과 직결된다. 즉 "근족"과 "기업을 무를 자 중의 하나"인 것이다. 흠정역(KJV)에서는 여기 이것들이 두 개의 서로 다른 히브리어와 서로 전혀 다른 의미를 지닌 말들이라는 것이 불분명하다. 표준개정역(RSV)까지도 그 차이를 우리에게 보여주는데 도움이 못된다.

처음 말은 히브리어로 **카로브**(*qarob*)로 되어 있으며, 이것은 단지 친척을 뜻한다. 물론 이 말도 나오미가 귀를 쫑긋하며 한 마디 했을 법한 그런 말이다. "보아스는 내 남편의 친척 중 한 사람이야." 그녀는 말했을 것이다. "그 많은 밭 중에서 하필 그의 밭에 가서 이삭을 줍게 되다니 참 재미있는 일이구나!" 잠시 동안 이 사실은 나오미에게는 흥미로운 우연일 뿐이었다. 그저 그를 대가족의 한 사람으로 아마 알았을 것이고, 그와 가까운 교제도 없었을 것이다. 이전에 그녀가 풍족했던 시절에는 그가 그녀의 안중에 없었을 것이다. 그 후 그와의 연락이 끊어졌지만, 그럼에도 불구하고 그는 친족이었던 것이다.

하지만 그녀가 뱉은 두 번째 말은 그 사실이 단지 흥미로운 정도가 아니라, 그들에겐 그냥 넘길 수 없는 아주 중요한 말이었다는 것을 알려준다. 곧 두 번째 말인 "기업 무를 자 중의 하나"에서 "기업 무를 자"(kinsman: 근족)라는 것은 다른 히브리어로 우리가 지금까지 많이 이야기했던 **고엘**이라는 것이다. 흠정역에서는 우리가 쉽게 잘 이해하도록 각주에 "혹은 **기업을 무를 권리가 있는 자**"라고 되어 있다. 나오미는 그가 단지 친족

일 뿐만 아니라, 그들의 기업을 무를 그런 친족이라는 사실을 깨달은 것이다! 더구나 그녀는 가족의 잃어버린 모든 것들과 룻이 자식이 없이 과부가 된 그 사실이 **고엘**의 법에 적용이 된다는 것을 알게 되었다.

나오미가 오래된 히브리 율법을 들뜬 마음으로 룻에게 애써 설명하려고 했던 것은 별로 놀랄 만한 일이 아니었다! 그리고 룻에게 보아스의 밭 외에는 다른 밭으로 가서 이삭을 줍지 말라고 타이르며, 심중으로는 보아스에게 주어진 이 권리를 어떻게 그들에게 적용하도록 할 것인가에 대한 계획을 이미 세우고 있었다는 것 역시 놀란 만한 일이 아니었다. 그러나 이 일은 반드시 율법적인 것만은 아니었다. 마음이 그렇게 움직였던 면도 있었던 것이다. 보아스와 룻 사이에 서로 끌리는 감정이 싹터야 했을 것이다. 모든 일이 신중하게 적당한 방법으로, 적합한 때에 이루어져야 했다. 우리 역시 주님의 은혜로 온전히 속량 받기를 요청할 때에 당당할 수 있어야 한다. 그렇게 하려면 우리를 위해 주 예수님께 부여된 권리를 이처럼 우리가 알아야 한다.

그렇다 우리는 깨달아야 한다. 우리가 주님의 밭에서 이삭 줍는 자의 자리에 설 때에, 그분은 감히 받을 자격이 없는 그러한 호의를 우리에게 베푸시며, 또 더 많은 것들을 베푸실 것이며, 그렇게 베푸실 분이라는 것을 말이다. 예수께서 우리의 기업 무를 자가 되셔서 우리 자신뿐만 아니라 우리의 형편까지 속량할 권리를 갖고 계시며, 풍성하신 그 권능의 보혈로 그 권리를 획득하셨음을 우리는 깨달아야 한다. 인자가 땅에서 죄를 사하는 권세가 있으시며, 그 죄로 인해 빚어진 손실까지도 궁극적인 선을 이루기 위해 속량해 주시고 제거해 주신다. 이것은 모두 그 피에 근거한 것이다. 우리에게 붙어 다니던 모든 비난을 미리 아시고 소멸시키시려고 그 피를 흘리신 것이다.

그 보혈에 대해 우리의 눈이 열리면 은혜에 대한 새로운 안목이 열리게 된다. 가난과 미망인이란 신분이 룻으로 하여금 기업 무를 자의 속량 대상이 되게 한 것처럼, 우리의 부족과 과오, 실수가 은혜를 입을 수 있는 대상이 되게 한다. 존 뉴턴(John Newton)의 찬송시를 노래할 때마다 나는 항상 그 은혜를 새롭게 깨닫게 된다.

당신은 곤비한 영혼들을 부르시네.

오, 주님. 제가 바로 그런 자입니다.

이 찬송시는 예수께서 곤비한 영혼들의 전문가시며 그들을 부르고 계신다는 것을 노래한다. 그러기에 나는 "오, 주님. 제가 바로 그런 자입니다"라고 말할 수 있는 것이다. 부족한 우리의 모습은 자격미달이 아니다(사탄은 우리를 그렇게 생각하도록 하지만). 사실상 우리가 그것을 진실로 인정할 때, 그 부족만이 우리에게 이 복된 자격을 주는 것이다. 그분이 찾고 계시는 바로 그런 사람이 되는 것이다.

룻의 경우처럼 우리의 기업 무를 자에게 우리가 당당히 그 권리를 이행할 것을 요구하려면, 그리스도의 보혈과 하나님의 은혜에 대한 새로운 안목이 우리에게 필수적으로 있어야 한다. 그러므로 이 감미로운 복음을 거듭거듭 음미하는 즐거움을 만끽하자.

만약 이 복음이 수시로 강단에서 전해지지 않는다면, 여러분의 마음속에 여러분이 직접 전하라. 그러면 마침내 주님께서 여러분에게 이행하실 구속에 대한 확신을 가지고 기업 무를 자의 발아래 담대히 나갈 수 있게 될 것이다.

"당신의 옷자락으로 나를 덮으소서"

드디어 나오미는 그녀의 계획을 실행할 준비가 되었다. 밭에서 이삭을 줍고 지친 몸을 이끌고 저녁마다 돌아오는 룻에게 그녀는 좀 더 나은 뭔가를 생각하고 있었던 것이다. 자신의 가정을 이루고 한 사람의 아내와 어머니로서 사랑과 존경을 받는 그런 그림을 그녀는 그리고 있었다.

"내 딸아, 내가 너를 위하여 안식할 곳(표준 개정역에서는 '가정')을 구하여 너로 복되게 하여야 하지 않겠느냐?"라고 어느 날 저녁 그녀가 한 말이 바로 이것을 의미하고 있는 것이다. 룻이 그 계획에 놀라움을 감추지 못할 때에, 나오미가 덧붙여 말한다. "네가 함께 하던 시녀들을 둔 보아스는 우리의 친족이 아니냐?"

그리고 그녀를 그에게 보내어 **고엘**의 규례를 언급하도록 하는 계획을 털어 놓았다. 그것은 아주 민감한 일이었다. 왜냐하면 보아스가 기업 무를 권리를 가지고 있었지만, 그가 원치 않을 수도 있었기 때문이다. 그것은 토지를 속량하는 정도가 아니라, 한 여인을 취하는 일도 포함되어 있는 것이다. 하지만 나오미는 보아스가 그의 밭에서 이삭을 줍는 이 비천한 여인에게 마음이 움직였을 것이라고 믿을 충분한 이유를 가지고 있었으며, 그것도 아마 마음이 움직인 정도 이상이라는 믿음이 있었다. 여인의 직감으로 그녀는 룻의 편에서도 마음이 후한 이 신사에게 연정이 싹트고 있다는 것을 직감했다.

그래서 나오미는 룻에게 행할 바를 지시했던 것이다. 때는 보리 수확의 막바지여서 타작마당에서는 먹고 즐기는 일이 잦았다. 그녀는 룻에게 목욕을 하고 기름을 바르고 새 옷을 입도록 했다. 아마 그때까지 그녀는 분명 과부의 누더기를 걸치고 있어서 누구든 그녀가 그런 줄 알았을 것이다. 그런 그녀가 옷을 갈아입음으로써, 다시 결혼할 수 있는 여인임을 천명하는 것이 된다. 그러나 그녀는 오직 한 남자에게 보이기 위하여 그렇게 하는 것이다. 그래서 그녀는 어둠 속에서 사람들이 먹고 즐기기를 마치고 집에 갈 때까지 기다릴 수밖에 없었다.

그녀는 보아스의 누울 자리를 알기 위해 기다렸다. 왜냐하면 곡식을 도둑맞지 않기 위하여 그는 노적거리 곁에서 자기 때문이다. 그가 어두운 곳에 자리를 잡고 겉옷으로 자신을 덮는 것을 그녀는 목격했다. 그가 잠들자, 그녀는 시키는 대로 그 발치의 겉옷을 들고 살며시 들어가 누웠던 것이다. 내 추측으로는 나오미가 그 발치를 덮던 겉옷을 들고 들어가도록 지시한 것은 그가 서서히 자연스럽게 잠에서 깨도록 하기 위한 것이라 생각된다. 발이 서늘해지면 누구든지 깨지 않겠는가! 하지만 놀라 벌떡 일어나는 것이 아니다. 자던 사람이 서서히 깨지만 무엇이 그를 깨웠는지 처음에는 잘 모르게 된다. 일이 이렇게 진행된 것이다. 한밤중에 그가 깨어나자, 그의 발치에 여인이 누워있는 것을 발견하게 되었다.

"네가 누구뇨?" 그는 깜짝 놀라 말했다.

"나는 당신의 시녀 룻이오니" 룻이 말을 이었다. "당신의 옷자락으로 시녀를 덮으소서. 당신은 우리 기업을 무를 자가 됨이니이다."

여기서 옷자락으로 누군가를 덮는다는 것이 무엇을 뜻하는가? 같은 표현이 나오는 에스겔 16:8에 보면 그 뜻을 분명히 알 수 있다. 그것은 자신이 선택한 여인이 자기 아내라는 것을 주장하는 상징적 행동이다. 이 지문에서는 여호와 하나님이 이스라엘을 어떻게 자신의 아내로 삼으셨는지를 보여주는 하나의 아름다운 비유이다. "내가 네 곁으로 지나며 보니 네 때가 사랑스러운 때라. 내 옷으로 너를 덮어…너로 내게 속하게 하였었느니라."

일반적으로는 남자 편에서 옷으로 덮는다. 왜냐하면 그가 여자를 선택하기 때문이다. 여자 쪽에서 남자에게 옷으로 덮어 달라고 요청하는 일은 많지 않을 것이다. 왜냐하면 그것은 그 남자에게 청혼하는 것과 마찬가지이기 때문이다.

그러나 그것이 바로 여기서 룻이 한 행동이었다. 여기서 "당신의 옷자락으로 시녀를 덮으소서"라고 하는 룻의 말은 사실상 "저와 결혼해 주세요. 보아스. 저와 결혼해 주세요. 저를 당신의 아내로 삼아주세요"라고 말하고 있는 것이다. 이것은 순수한 상징적 행동임을 이해해야 한다. 이 장면에서 그녀는 보아스가 자기에게 부적절한 행동을 하도록 유혹하는 암시가 전혀 없는 것이다. 그렇다 치더라도, 그 말이 보아스에게 결혼을 요청하는 것이라면 조금은 점잖지 못하며 적합한 장소도 아닐 것 같다.

하지만 잠시 생각해 보라. 그녀의 요청에는 그럴 만한 이유가 있다. "당신은 우리 기업을 무를 자, 곧 **고엘**이 됨이니이다." 즉 그가 말론의 잃어버린 토지를 속량하며 그 미망인을 취하여 그 형제의 이름으로 씨를 양육할 권리를 지닌 사람이라는 말이다. "당신은 **고엘**이 됨이니이다"라고 그녀가 말하는 순간, 모든 것이 달라진다. 그래서 그녀의 행동에는 정숙치 않는 것이 없다. 그녀는 이 **고엘**의 규례를 자신에게 적용할 것을 말하고 있으며, 보아스도 그것을 알고 있다. 그녀가 하고자 하는 행동에는 비난받을 일이 전혀 없다. 누군가 꼭 비난을 받아야 된다면, 그것은 이러한 그녀와의 특별한 신분을 알지 못했던 보아스가 될 것이다.

보아스는 그 즉시 대답했다. "참으로 나는 네 기업을 무를 자니 내가 네 말대로 네게 다 행하리라."

이것이 바로 우리가 해야 할 행동이다. 가서 예수님의 발치에 누우라. "실패한 그리스도인이 그의 발치에 눕는다"라고 사람들이 우리를 가리켜 말할 때 그것이 얼마나 감동적인가. 혹은 "실패한 사역자가 그의 발치에 눕는다" 아니면 "실패한 남편(아내)이 그의 발치에 눕는다", "실패한 아버지, 혹은 어머니" 아니면 "전도유망하게 시작했던 실패한 젊은 신자가 그의 발치에 눕는다."

모든 것을 각설하고, 오직 그분은 그들의 기업 무를 자가 되셔서 모든 잘못된 것들을 속량하며, 죄인을 용서하시고, 그 형편을 떠맡으실 권리와 능력과 의지를 가지신 분임을 그들이 깨달았기에 그 자리에 가는 것이다. 단순한 진리는 당신이 그 자리에 갈 수 없을 정도로 잘못되거나, 침체되거나, 일들이 꼬이며 엉망이 될 수는 없다는 것이다. 그분의 발치에는 당신을 위해 거룩히 구별된 영역이 있다. 그곳에 누워서 여러분은 룻이 올린 기도를 드릴 수 있다. "이 죄인을 당신의 옷자락으로 덮으소서. 저를 취하시고, 데려가소서. 당신은 나의 기업 무를 자가 됨이니이다."

거기서 당신이 그런 말을 하는 것을 주님께서 들으실 때에, 기업 무를 권리와 능력에 의지하여 간청하고 있는 죄인이 자신의 오른손에 있음을 그분은 알고 계신다. 그리고 결코 실망시키지 않으신다! 그분의 발치에 가서 회개하기까지는 당신이 일으킨 문제들이 당신의 책임으로 있다. 그러나 일단 죄와 궁핍을 들고 그 발치에 가서 누우면, 당신은 그 죄를 용서 받으며 모든 허물이 깨끗하게 될 뿐만 아니라 주님께서 그 상황들을 그의 책임 하에 모두 떠맡으신다.

우리 자신이 실패한 그리스도인임을 깨달으며, 처해 있는 이

상황이 우리가 저지른 죄의 결과라는 것을 인정한다는 것은 항상 쉬운 일만은 아니다. 저자의 경우는 설혹 그 초래된 문제가 나의 잘못으로 인한 것이 아니라 할지라도, 그 일에 대한 잘못된 나의 반응이 분명 한몫을 하는 때가 있다.

다른 사람이 먼저 잘못을 저지르고 나면, 내가 그에게 잘못 반응하여 일을 더 악화시키는 것이다. 그리고 얼마간 서로 언쟁을 하는 동안은 누가 먼저 잘못했는지 잘 모르게 된다. 왜냐면 이제 양쪽이 다 잘못을 하고 있기 때문이다. 문제는 누가 깨어지지 않아서인가? 그인가 아니면 나인가? 누군가가 말했다. "그리스도인들이 서로 싸우면, 사탄은 중립에 서서 서로에게 탄약을 공급해 준다." 상대방이 잘못된 사람의 자리에 서기를 기다리지 않고 내가 먼저 잘못한 사람으로 그 발치에 눕기를 결심할 때까지 예수님은 "그의 옷자락으로 나를 덮어" 나와 나의 상황들을 떠맡으실 수 없으시다. 이것은 아주 명백한 사실이다.

물론 우리가 이 잘못된 자의 자리에 서는 것을 누구든 싫어한다. 하지만 이 일은 우리가 배워야 하는 일이며, 꽤 훈련이 필요한 것이다. 하지만 실천함으로 온전케 될 수 있으며, 설혹 힘들다 하더라도 꽤 잘 할 수 있게 된다! 우리가 어떤 상황 속에서 그러한 자리에 설 때에, 주님은 우리에게 평강과 사유의 은총만 주실 뿐 아니라, 모든 것들을 치유하셔서 새롭게 만드신다. 때로 이전보다 더 좋게 만드시는 것이다.

여기서 우리에게도 나오미가 룻에게 한 말이 필요하게 될 것이다. "내 딸아, 사건이 어떻게 되는 것을 알기까지 가만히 앉아 있으라. 그 사람이 오늘날 이 일을 성취하기 전에는 쉬지 아니하리라." 보아스가 룻에게 기업 무를 자로서 일을 행하기에 앞서 먼저 처리해야 할 일이 있었다(다음 장에서 그것을 알게 된다).

우리도 마찬가지로 십자가 아래 나아와 그곳에 우리의 모든 염려를 내려놓은 후, 얼마간 그곳에 잠잠히 앉아 하나님이 일을 해결하시는 동안 때로는 기다려야 한다. 죄 사함과 우리 영혼의 회복은 즉시 일어나지만, 우리의 처지를 회복시키시는 작업은 조금 더 시간이 걸린다. 왜냐하면 거기에는 하나님께서 다루셔야 할 다른 요인들과 역사하실 다른 영혼들이 있기 때문이다.

그러므로 "가만히 앉아 있으라. 주님이 오늘날 이 일을 성취하시기 전에는 쉬지 아니하리라." 그분이 쉬지 않으시기 때문에 우리는 쉴 수 있는 것이다! 우리가 그분께 문제를 맡겼다면, 주님은 반드시 성취하실 것이다. 이것은 우리가 그분께 순종할 필요가 없거나, 고백과 화해나 그 외 필요한 협력을 요구하지 않으신다는 말이 아니다. 하지만 이러한 것 자체가 문제를 회복시키는 것이라고 생각해서는 안된다. 이 모두를 속량하는 것은 오직 그분만이 하시는 일이며, 이 영역은 그분만이 영광스런 전문가이신 것이다. 그러므로 "내 딸아, 가만히 앉아 있으라…그분이 쉬지 아니하리라."

보아스의 반응

그러면 이제 이 대담한 요청에 보아스는 어떻게 반응했을까? 여러분은 믿을 수 있는가. 그가 그녀에게 감사하고 있는 것을! 그가 말한다. "내 딸아, 여호와께서 네게 복주시기를 원하노라." 룻이 그에게 그녀의 **고엘**로서 요청하는 것을 그는 기뻐했다. 그것은 그녀를 사랑하기 때문이 아니라 (물론 지금쯤 그가 그녀에게 마음을 빼앗기고 있었겠지만) 그녀의 모든 빈곤과 이방 신분에도 불구하고 은혜로우신 하나님 여호와의 법령에 호소하는 당당함이 있었기 때문이었다. 그는 실제로 이렇게 말했을 것이다. "그래 고맙구나, 정말 고마워. 기업 무를 자로서의 내 권리를 사용할 기회를 줘서 말이야!"

여러분이 구속과 부흥을 위해 십자가 아래로 가면 예수님은 오는 여러분을 고맙게 여기신다. 이것을 우리는 요한복음 16:24의 예수께서 하신 말씀에서 볼 수 있다. "지금까지 너희가 내 이름으로 아무것도 구하지 아니하였으나 구하라 그리하면 받으리니 너희 기쁨이 충만하리라."

이제 알겠는가? 주님은 우리가 그분께 구할 것을 청하고 있는 것이다! 혹이라도 주님이 우리에게 불만이 있으시다면 그것은 무엇보다도 우리가 그분께 구하지 않는 것이다. 우리는 대부분 기도라는 것이 주님께서 뭔가 주기를 싫어하시는 마음을 꺾으려는 시도로 생각한다. 그리고 우리가 기도하는 태도에서 그렇게 하는 우리 자신의 모습을 드러내고 있다. 하지만 그것은 전혀 사실이 아니다. 오히려 기도란 주님께서 기꺼이 주시려는 것을 붙잡는 것이다. 그분은 당신이 구하기를 요청하고 계신다! 주님은 우리가 다가와 룻의 자리에 설 것을 원하신다. 주님은 당신이 망쳐놓은 것들을 그분께 맡겨드리기를 청하신다. 그리고 그렇게 하면, 주님은 당신이 드린 그 기회를 고맙게 생각하신다. 물론 우리가 그분께 감사도 드리지만 주님의 발치에 가서 누워 요청하는 것보다 그분을 더 기쁘시게 하는 것은 없을 것이다.

> 나를 덮어 주소서, 나를
> 당신의 옷자락으로 나를 가리소서.
> 당신은 나의 기업 무를 자이오니
> 나를 덮어주소서, 나를. 나를 덮으소서.

그리고 주님은 당신의 보배로우신 피의 옷으로 반드시 우리를 덮어주신다!

이제 보아스가 그날 룻에게 한 말을 더 자세히 들여다보자. 그 속에 중요한 뜻이 담겨 있다. "내 딸아, 여호와께서 네게 복 주시기를 원하노라. 네가 빈부를 물론하고 연소한 자를 좇지 아니하였으니 너의 베푼 인애가 처음보다 나중이 더하도다."

여기서 그녀가 처음 베푼 인애에 대해 보아스가 언급하는 것은 그녀가 나오미를 따르기 위해 그녀의 고국과 가족을 결별

해야 했던 중대한 선택을 분명 마음에 두고 한 말일 것이다. 그렇다. 그것은 분명 인애였던 것이다! 하지만 그는 이어 말하고 있다.

"너의 베푼 인애가 처음보다 나중이 더하도다." 그렇다면 그녀가 나중에 베푼 인애란 무엇인가? 그 답을 알기 위해서는 그 상황 속에서 대부분 다른 젊은 과부들이 했을 행동을 생각해 보는 것이 좋을 것이다. 아마 그들은 이렇게 말했을 것이다. "이곳엔 미래가 없어. 남의 밭에서 이삭을 줍고, 찌그러진 농가에 살며, 연로한 시모를 돌봐야 하다니. 더 이상 손해 보지 않으려면 젊은 남자 중에서 남편을 하나 구해야겠어."

룻은 이렇게 할 모든 권리를 가지고 있었다. 하지만 만약 그녀가 그렇게 해서 그 가족을 떠나 다른 남편을 구했다면, 나오미는 버려졌을 것이다. 그리고 가족의 토지는 아마 영영 속량받을 수 없었을 테고, 그것을 물려받을 말론의 후사는 결코 보지 못했을 것이다. 그리고 엘리멜렉의 가족은 이스라엘에서 소멸되었을 것이다. 하지만 그녀는 그렇게 하지 않았고, 나오미 곁을 떠나지 않았다. 그리고 그 죽어가는 노쇠한 가정에 남아있었던 것이다. 바로 이러한 때에 새로운 기회를 룻이 알게 되었고, 그녀는 그 가족의 부흥에 대한 비전을 갖게 되었다. 룻은 보아스에게 그 가족의 토지를 속량해 줄 것을 요청했고, 보아스가 기업 무를 자의 몫을 해 준다면 자신이 그 가족의 상속자의 어미가 될 것을 청원했던 것이다.

보아스의 눈에는 그녀가 새 가정을 꾸리고자 하는 것이 아니라 옛 가정을 부흥시키고자 한 것을 본 것이다. 이것이 바로 그녀가 나중에 보인 인애였으며, 그래서 보아스가 크게 기뻐했던 것이다.

이제 이것을 영적으로 적용해 보자. 일이 잘못되고 우리의 형편이 원하는 대로 잘 안 풀리면, 우리는 더 이상의 손실을 막고자 지난 장을 마감하고 새로운 장을 열기로 결심하는 것이 보통 우리의 행동이다. 그러면 왜 그 상황이 잘 안 풀렸을까? 그 상황 속에서 우리는 전혀 잘못이 없었을까? 만약 잘못이 없지 않다면, 우리는 그 문제를 단지 새로운 상황 속으로 옮긴 것이 된다. 우리 자신이 그 문제의 원인이라면, 상황이 달라지든 아니든 모든 것이 잘못되어버린다. 저자는 확신한다. 주 예수께서 기뻐하시는 것은 우리가 새로운 상황을 바라는 것이 아니라, 지금까지의 상황 속에서 부흥에 대한 시각을 갖는 것이며, "예수님께 힘든 일이란 없다는 것과 바로 **그 상황 속에서** 주님께서 못하실 일이 없다"는 것을 인정하는 것이다. 우리가 추구하는 것이 그 상황의 부흥이라면, 우리는 남들 못지않게 십자가 아래에 나가 회개해야 한다는 것을 알게 될 것이다.

이러한 일은 어려운 교회의 신자나 아니면 목회자에게도 적용이 된다. 그곳에서 일이 불편하고 힘들어지면, 지금까지의 장을 닫고 다른 교회로 옮기고 싶은 게 보통이다. 지금 나는 어떤 경우에서든 그 교회를 떠나는 것이 나쁘다고 말하는 것이 아니다. 때로는 하나님께서 그로 하여금 바로 그렇게 하도록 인도하신다. 그러나 분명 하나님께 더 크게 영광 돌리는 나은 길은 새 교회를 찾아 떠나는 것보다 그 교회가 변화되고 부흥되는 것이다. 그것이 우리의 비전이라면 다른 사람들 못지않게 우리가 먼저 부흥되어야 함을 깨달아야 한다.

또 이러한 일은 순탄하지 못한 결혼생활에도 당연히 적용된다. 너무나 흔히들 일이 잘 안 풀리면 사람들은 십자가 대신 이혼 법정으로 간다. 사람들은 스스로의 잘못을 깨닫고 예수께 고침 받도록 내어드리기 보다는 그 상황을 끝내기를 더 선호한다. 하나님은 여러분이 그 상황을 끝내고 새로운 상황을 원하는 것보다 그 상황을 변화시키고 새롭게 하시려는 그분의 시각을 당신이 갖기를 원하신다. 그것 역시 다른 사람보다 바로 여러분에게서 먼저 변화가 시작되어야 함을 뜻한다.

소위 사람들이 말하듯이, 싸움은 두 사람이 하지만 화해는 한 사람이 먼저 시작해야 한다. 그렇다면 그 한 사람이 당신이 아닐 이유가 있겠는가? 만약 당신이 그쪽으로 먼저 나선다면, 하나님께서는 기뻐하시며 말씀하실 것이다. "내 딸아, 복을 받을지어다. 이 문제를 고치도록 내게 기회를 주어서 고맙구나."

이 원칙은 비록 이 두 경우뿐만 아니라 대소 간에 수많은 관계 속에서도 적용이 된다. "문제를 해결하는 것은 그것을 끝장내는 것보다 훨씬 더 큰 보상이 있다"라는 말은 언제나 진리이다. 어느 신앙 뮤지컬에서 코크니 역을 맡은 사람이 부르던 노래에서 이 진리가 잘 나타나고 있다.

> 치료가 필요한 낡은 가정이 있나요?
> 회복이 필요한 마음이 있나요?
> 아버지와 딸
> 누군가 잘못 지내고 있나요?
> 감싸야 할 상처와 증오가 있나요?

부수고 낚아채는 이 세상에서

서로를 찌르는 이 땅에서

누군가 먼저 시작해야 하지 않나요?

이 어려운 묘책을

이 회복을 위하여, 회복을.

끝내버리는 것보다 훨씬 더 값진 것을 얻잖아요.

전쟁의 세상을 위하여

혹은 시모를 위하여

수선해 주실 그분이 필요하네, 우리에겐.

그 언젠가 그 외로운 언덕에서

사람들은 그를 붙잡았네, 그를 처형하려 했네

그들은 그분을 던져 버리기로 했네

그가 계속 그 길을 간다고.

이 회복을 위하여, 회복을.

끝내 버리는 것보다, 훨씬 더 값진 것을 얻잖아요.

그분은 아직 우리 곁에 계시네.

어떤 이는 그를 알고 있네

계속 고치시는 그분을.[1]

---

1) 알란 손힐(Alan Thornhill) 작시, 허락을 받아 발췌함.

6장
보아스와 그보다 더 가까운 친척

"기업 무를 자로서
나보다 더 가까운 사람이 있으니."

* * *

보아스가 성문에 올라가서 거기 앉았더니 마침 보아스가 말하던 기업 무를 자가 지나는지라. 보아스가 그에게 이르되 "아무여, 이리로 와서 앉으라." 그가 와서 앉으매, 보아스가 성문 장로 십인을 청하여 가로되 "당신들은 여기 앉으라." 그들이 앉으매 보아스가 기업 무를 자에게 이르되 "모압 지방에서 돌아온 나오미가 우리 형제 엘리멜렉의 소유지를 관할하므로 내가 여기 앉은 자들과 내 백성의 장로들 앞에서 그것을 사라고 네게 고하여 알게 하려 하였노라. 네가 무르려면 무르려니와 네가 무르지 아니하려거든 내게 고하여 알게 하라. 네 다음은 나요 그다음은 무를 자가 없느니라." 그가 가로되 "내가 무르리라." 보아스가 가로되 "네가 나오미의 손에서 그 밭을 사는 날에 곧 죽은 자의 아내 모압 여인 룻에게서 사서 그 죽은 자의 기업을 그 이름으로 잇게 하여야 할찌니라." 그 기업 무를 자가 가로되 "나는 내 기업에 손해가 있을까 하여 나를 위하여 무르지 못하노니 나의 기업 무를 권리를 네가 취하라. 나는 무르지 못하겠노라."

옛적 이스라엘 중에 모든 것을 무르거나 교환하는 일을 확증하기 위하여 사람이 그 신을 벗어 그 이웃에게 주더니 이것이 이스라엘의 증명하는 전례가 된지라. 이에 그 기업 무를 자가 보아스에게 이르되 "네가 너를 위하여 사라"하고 그 신을 벗는지라(룻 4:1-8).

* * *

보아스가 룻이 요청하는 것을 하겠다고 말했을 때 그 일을 당장 할 수 없는 장애물이 있다는 것을 덧붙였다. "참으로 나는 네 기업을 무를 자나, 기업을 무를 자로서 나보다 더 가까운 사람이 있느니라." 이 사람이 기업을 무를 자로서의 우선권이 있으며, 먼저 기회가 주어져야 했다. "그가 기업 무를 자의 책임을 네게 이행하려 하면 좋으니 그가 그 기업 무를 자의 책임을 행할 것이니라. 만일 그가 기업 무를 자의 책임을 네게 이행코자 아니하면 여호와의 사심으로 맹세하노니 내가 기업 무를 자의 책임을 네게 행하리라."

이제 우리는 룻기에서 주 예수의 모습과 그분을 중심으로 한

복음을 보게 된다. 만약 보아스가 기업 무를 자로서의 주님을 예표한다면, 그보다 더 우선권이 있는 이 더 가까운 기업 무를 자를 우리는 어떻게 보아야 할 것인가? 여기서 우리가 교리에 빠지면 안 되겠지만, 저자는 이것을 죄인들에게 먼저 우선권이 있는 하나님의 율법으로 보아도 되리라 생각한다. 그리고 이 하나님의 율법이 죄인에게 실행할 수 있는 권리는 그를 정죄하는 것이다.

이것은 그저 그렇게 상상하는 것이 아니다. 다른 주석가들이 이 본문을 흥미롭게도 그렇게 본다. 저자의 생각으로 이것은 아주 명백하다. 보아스가 룻에게 기업 무를 자의 책임을 기꺼이 행하려고 하지만 그것을 율법에 거스려 할 수는 없다고 생각했다. 율법에서는 **고엘**이 근족이어야 한다고 명기되어 있으며, 이 사람이 보아스보다 더 근족이었던 것이다. 그녀에게 기업 무를 자로서의 책임을 이행하기 전에 보아스는 먼저 율법의 요구를 충족시켜야 했다.

우리가 말했듯이, 하나님의 율법이 죄인들에게 먼저 우선권이 있다. 하나님의 율법은 우리들에게 어떤 높은 기준을 정해 놓고, 그 도덕적 요구에 순응하도록 우리를 부른다는 것을 생각해 보라. 그것들은 시내산에서 수여된 십계명에 나올 뿐만 아니라, 주님께서 말씀하신 산상수훈이나, 신약성경의 여러 곳에 나오는 윤리적 권면 속에 나타나고 있다. 이 율법은 그와 같은 높은 수준을 가리키며, 또 말한다. "이것을 행하라, 그리하면 살리라"(로마서 10:5을 보라). 이 말은 곧 우리가 그 명령을 지키고 그 수준을 달성하면 우리가 영생을 얻게 되며 영적 삶에 필요한 그 밖의 모든 것을 갖게 된다는 말이다. 하지만 그 말은 또한 다른 뜻도 내포하고 있다. "만약 네가 실패하면, 정녕 죽으리라." 현실적으로 우리 중 그 누구도 율법이 요구하는 것을 지킬 수 없다. 그러므로 율법이 우리에게 할 수 있는 것이라고는 우리를 정죄하는 것뿐이다. 이 말은 곧 우리가 지키면 생명에 이르게 할 그 계명이 우리가 지키지 못하므로 사망에 이르게 하는 것이 된다는 말이다(롬 7:10).

결국 율법이란 정죄하는 것밖에 없다. 이것이 그리스도인들에게는 폐지되었다는 말이 아니다. 그것들이 다 이루어져야 하지만 은혜 아래에서 다른 방법으로 그렇게 되는 것이다. 은혜의 새 언약 아래에서는 하나님 자신이 우리에게서 요구되는 것들을 스스로 책임지심으로써 우리가 이룬 것처럼 하신다.

물론 우리의 협력이 없이는 안 되겠지만 말이다. 우리가 율법 아래 있을 때에는 그것이 요구하는 바를 우리가 이루지 못했을 때 그 책임이 우리에게 있다. 이 말은 곧 하나님의 율법과 그것이 요구하는 높은 기준이 아무리 준수한 것들이라 하더라도 만약 지키지 못하는 자가 있다면 율법은 그를 속량할 수 없다는 것이다.

지금 4장에서 더 가까운 기업 무를 자가 두 번씩이나 말하고 있다. "나는 무르지 못하겠노라." 아마 그렇게 하기 위해서는 그가 자신의 소유 얼마를 팔아야 하며 그렇게 되면 그의 상속자가 빈곤케 될 것을 염려해서 일 것이다. 그가 할 수 없는 이유가 무엇이든, "나는 무르지 못하겠노라"라고 하는 이 말은, 우리가 그를 율법, 곧 정죄는 할 수 있으나 결코 속량은 할 수 없는 율법의 상징으로 볼 때, 아주 의미 있는 말이 될 것이다.

고린도전서 15:56에서 율법은 죄를 더 죄 되게 하며, 그것을 경감하지 못한다고 말하고 있다. 그리고 또 말한다. "죄의 권능은 율법이라." 즉 율법은 우리가 그것을 이루지 못하면 죄에게 정죄할 권능을 더해준다는 말이다. 우리는 이 말이 "죄의 권능은 유혹이며 거룩의 권능은 율법이다"라는 말을 뜻한다고 생각할지 모른다. 하지만, 결코 그렇지 않다. 우리의 기준이 높으면 높을수록 우리가 달성해내지 못할 때 죄책과 정죄도 더 큰 것이다. 더 잘 해보겠다는 우리의 각오와 더 높은 목표는 모두 사탄으로 하여금 우리를 정죄할 기회만 더 제공할 뿐 아니라 우리를 비난할 더 큰 회초리만 그의 손에 쥐어줄 뿐이다.

그래서 예수께서 우리의 기업 무를 자이시라면, 율법은 우리를 **정죄할 근족**인 것이다. 예수께서 먼저 율법과 문제를 해결하지 않으시면 기업 무를 자의 책임을 이행하실 수 없게 된다. 요한일서에 있는 만약 우리가 우리 죄를 자백하면, 우리 죄를 사하시며 우리를 깨끗게 하신다는 말씀에서 그렇게 하시기 위해 "저는 미쁘시고 의로우사"라는 말씀에 특별히 주의를 기울여야 함을 여러분은 잘 알고 있을 것이다(요일 1:9).

주님은 하나님의 공의를 짓밟아 가면서 우리를 용서하시는 것이 아니다. 하나님께서 "경건치 아니한 자를 의롭다 하시기"(롬 4:5) 위해서는 바울 사도가 로마서 3장에서 말한 것처럼 "자기도 의로우시며 또한 예수 믿는 자를 의롭다"(26절)라고 하실 수 있는 길을 찾으셔야만 하는 것이다. 예수께서 죄인의 친구가 되셔서 그의 죄를 씻기시며 망쳐놓은 것들을 다루시기 위해서는 먼저 그가 하나님의 율법을 만족시키셔야만 한다.

보아스가 더 가까운 기업 무를 자와 일을 해결하기 위해서는 그런 일들이 거론되는 성문에 가야 했다. 하지만 예수님은 율법에 관한 문제를 해결하시기 위해 영문 밖으로 치욕의 장소에 가서 두 강도 사이에서 그들 중의 한 사람으로 십자가 위에서 죽으셔야만 했다. 그분이 그곳에서 하신 가장 큰 일은 우리를 정죄하는 죄의 권능을 빼앗으신 일이었다. 주님은 율법을 어김으로 따라다니던 저주를 멸하심으로 그것을 폐하셔서 그 일을 이루신 것이다.

그렇다. 예수님은 죄가 정죄할 권능을 잃어버린 첫 사람이시다. 로마서 6:10에 이 사실을 우리에게 말해주는 구절이 나온다. "그의 죽으심은 죄에 대하여 단번에 죽으심이요." 여기서 그는 죄를 **위하여** 죽으셨다고 말하지 않고, 죄에 **대하여** 죽으셨다고 말한다. 이 말은 곧 주님은 자신의 몸에 짊어지신 수많은 죄 때문에 더 이상 그분을 정죄치 못하게 하시려고 죄의 권능에 대해 죽으신 것이다. 주님께서 피를 흘리시는 순간, 또 그분이 "다 이루었다"라고 말씀하시는 순간, 사탄과 율법은 그를 더 이상 붙들 수 없게 되었다. 왜냐하면 모든 대가가 지불되었기 때문이다. 그러므로 그는 "무덤에서 일어나셨다." 주님은 그곳에 더 이상 머무실 이유가 없었던 것이다. 만약 율법이 우리의 대속이 되신 분을 정죄할 권능을 잃었다면, 그분이 대신하신 모든 사람들을 정죄할 권능도 마찬가지로 잃어버린 것이다.

이제 더 가까운 기업 무를 자인 율법이 우리를 주장할 권리를 포기했다면, 예수께서는 그 누구도 빼앗을 수 없는 속량할 권리를 가지시고 우리의 기업 무를 자가 되신다. 그러므로 우리 쪽에서는 아무리 여린 양심의 소유자라 하더라도 아무런 거리낌이 없이 은혜가 베풀어주는 구속을 그냥 받을 수 있는 것이다. 왜냐하면 주님께서 우리를 위하여 율법을 다 성취하셨기 때문이다.

> 주님께서 율법을 다 이루셨기에
> 우리는 의롭게 되었네.
> 축복은 우리가 받고, 저주는 주님이 받으셨네.
> 주님께서 죽으셨기에 우리가 살게 되었네.

예수님의 보혈의 위대한 능력을 나는 찬양한다. 그 피의 효험은 죄뿐만 아니라 치욕의 잔재까지도 덮는다. 우리가 저질러 놓은 상황은 여전히 계속되고 회복되는 중에 있을지라도, 그 한 가운데서도 우리는 하나님과의 화평을 누릴 수 있다. 예수님의 보혈의 능력으로 그 상황 속에 있던 모든 죄의 요소들은 완전히 사멸된 것이다. 이제 그는 담대함으로 하나님께 기도할 수 있으며, 마치 그 과오들이 자신이 저지른 것이 아닌 것처럼 기뻐하며 그를 대신하여 일을 해결해 주실 하니님을 기대할 수 있다.

여전히 전쟁은 그를 향해 오지만 하나님께서 죄를 그에게 돌리지 않으시는 자의 행복을 그는 알고 있는 것이다(롬 4:6-8). 그가 저지른 죄의 결과들은 하나님께서 사용하시는 좋은 재료가 되기 때문에 우리는 그것들을 하나님께서 새로운 것들을 만드시는 무해한 재료라고 말할 수 있다.

저자가 여기서 무해하다고 한 것은 우리가 하나님 앞에 넘겨드려야 할 망쳐놓은 일 속에 소위 비난받을 것이라고는 이제 없다는 말이다. 이제 그에게는 아무런 오점도 없다. 토기장이에게 진흙은 모두 처음에는 아무런 형체가 없는 것이며, 하늘에 계신 우리의 토기장이께서는 이 땅의 토기장이들보다 더 쉽게 형체가 없는 우리들로부터 새로운 것들을 만드신다.

다윗의 간증

다윗은 바로 이 때문에 압살롬을 피해 달아나는 와중에서도 담대함과 기쁨으로 시편 3편의 기도를 할 수 있었던 것이다. 자기 가족에게서 빚어진 이 일은 그의 죄로 인한 하나님의 교훈의 일부라고 나단 선지자가 그에게 말했다.

"다윗이 그 아들 압살롬을 피할 때에 지은 시"라는 제목의 이 시에서 그는 "여호와여, 주는 나의 방패시요, 나의 영광이시요, 나의 머리를 드시는 자시니이다"라고 노래하고 있다. 그리고 고백한다. "내가 누워 자고 깨었으니 여호와께서 나를 붙드심이로다." 그리고 계속해서 말하고 있다. "천만인이 나를 둘러치려 하여도 나는 두려워 아니하리이다." 그리고 하나님께서 그를 구원해 주실 것을 믿음으로 바라보며 끝맺고 있다. "주께서 나의 모든 원수의 뺨을 치시며 악인의 이를 꺾으셨나이다."

이러한 때에 의기소침해 있지 않고 자기 하나님 안에서 어떻게 이처럼 담대할 수 있었을까? 그것은 나단 선지가 그에게 "여호와께서도 당신의 죄를 사하였나니"라고 말한 후부터 그의 모든 비난의 요소들이 완전히 거두어졌다는 것을 알았기 때문이다. 그래서 그는 그 상황에서도 아무런 자책감 없이 하나님께서 그를 위하여 새롭고 선한 일을 이루실 것을 믿을 수 있었던 것이다. 그리고 하나님께서 과연 그렇게 이루셨다. 마침내 그는 다시 왕좌로 돌아왔고 그 어느 때보다도 사랑과 존경을 받으며 그의 일생에 가장 좋은 나날들을 그후 보내었다.

그렇다. 이 이야기는 그가 어떻게 신원 받았는가 하는 이야기다. 사람으로 인한 것이 아니라 하나님의 은혜 안에서 그의 믿음으로 인한 것이다. 여기서 다시 한번 여호와 하나님은 죄인의 하나님이심이 나타난다. 우리의 죄를 씻기시는 예수님의 보혈의 완전한 속죄를 우리가 깨닫게 되면 우리도 힘을 얻고 은혜 안에서 같은 믿음을 얻을 수 있다. 예수님은 참으로 우리의 영광이시며, 우리의 머리를 높이 드시는 분이시다. 예수의 보혈을 믿는 믿음이 가져다주는 담대함으로 우리도 그런 모든 원수와 역경을 향해 웃을 수 있지 않겠는가.

정죄할 권리를 잃다

성문에서 누가 나오미의 기업을 무를 것인가 이야기하는 룻기의 이 장면에서 우리는 이러한 사실을 모두 다 볼 수 있다. 더 가까운 기업 무를 자가 그 권리를 포기했을 때 신발을 벗어 보아스에게 주었다. 그 본문을 한번 보자.

> 옛적 이스라엘 중에 모든 것을 무르거나 교환하는 일을 확정하기 위하여 사람이 그 신을 벗어 그 이웃에게 주더니 이것이 이스라엘의 증명하는 전례가 된지라. 이에 그 기업 무를 자가 보아스에게 이르되 "네가 너를 위하여 사라" 하고 그 신을 벗는지라. 보아스가 장로들과 모든 백성에게 이르되 "내가 엘리멜렉과 기론과 말론에게 있던 모든 것을 나오미의 손에서 산 일에 너희가 오늘날 증인이 되었고"(룻 4:7-9).

신발을 신고 그 토지 위를 걷는 행위는 아마도 그 사람이 그것을 소유할 권리가 있다는 뜻일 것이다. 하지만 신발을 벗는다는 것은 그가 그 토지를 살 권리를 포기하고, 그것을 보아스에게 양도한다는 것을 상징적으로 나타내는 것이다.

어느 주석가는 이 구절에서 설명하고 있다. "율법은 예수께서 속량하신 소유 위를 걸어 다닐 수 없다(곧 정죄할 수 없다)." 이 얼마나 좋은 일인가! 하지만 율법과 사탄은 우리를 정죄하려고 온갖 노력을 다하며, 여러분들도 그렇게 하도록 허용하고 있지 않는가! 그러나 그들은 그럴 권리가 없는 것이다. 당신은 어린 양의 피로 율법의 정죄와 사탄의 참소를 이길 수 있다. 이 거래가 완전히 성립되기 위해서 당신은 자신의 간증을 덧붙일 수 있다. 마귀는 그것을 싫어한다. 그는 그 간증들이 우리 마음속에 모두 갇혀 있기를 바라고 있다.

하지만 우리가 어떤 문제에 있어서 화평을 가져다주는 예수님의 보혈의 능력을 충분히 깨닫고 그것을 다른 사람들에게 증거하며 나눌 수 있게 되면, 우리는 또 다른 새로운 차원에서의 자유를 누리게 된다. "또 여러 형제가 어린 양의 피와 자기의 증거하는 말을 인하여 저(사탄, 곧 형제를 참소하는 자)를 이기었으니"(계 12:11).

> 아벨의 피는 하늘을 향해 부르짖네,
> 복수를 위하여.
> 예수의 피는 부르짖네,
> 우리의 용서를 위하여.

우리의 죄 덮힌 심령에

뿌려지고 덮어지네.

사탄은 갈 바를 모르고

겁에 질려 달아나네.

언젠가 나는 집회를 인도하려고 다른 나라에 간 적이 있었다. 그곳에서 수년 전부터 알아왔던 젊은 목회자를 다시 보고 싶었다. 그는 은혜 아래서 예수님과 동행하는 삶을 체험했던 청년이었다. 그 나라에서 그는 가장 유능한 통역인이었고, 그가 내 말을 또 통역해 주기를 마음 설레며 기대하고 있었다. 하지만 두 주가 다 되도록 그는 모습을 보이지 않다가 마침내 목회자 세미나 시간에 나타났다. 나는 따뜻하게 그를 맞이하면서 말했다. "이제 제 말을 통역해 주실 거지요?" 그는 아주 난처해하면서 대답을 흐렸다. 그렇게 밝았던 그의 모습은 더 이상 보이지 않았다. 그만의 독특한 기쁨은 온데간데없고 나는 딴 청년을 만난 게 아닌가 생각할 정도였다. 그가 나를 위해 통역을 해 주었지만 많이 불편해 했다. 나중에 그는 내게 무슨 일이 있었는지 이야기해 주었다.

그동안 그는 가족 문제로 아내와 힘든 시간을 보냈던 것이다. 그의 동료목회자들은 그 사실을 다들 알고 있었다. 주님의 도우심으로 일이 해결되었지만 아직도 수치심을 지니고 있었다. 사람들이 그 사실을 다 알고 있었기에 그는 강단에서 내 곁에 서서 통역하는 것이 편치 않았던 것이다. 그 수치심이 그의 담대함을 앗아갔고 자신은 오점을 지니고 있다고 생각하고 있었다. 우리가 함께 이야기하는 동안 예수님의 보혈의 능력이 그가 지었던 죄를 사했을 뿐만 아니라 특히 그 결과로 빚어진 수치심, 즉 사람들과 자유롭게 교제할 수 없게 된 것 (다른 사람들이 나를 어떻게 생각하고 있을까 등등)까지도 씻었음을 그가 깨닫고 누리게 되었다.

이제 그는 간증할 게 있다는 것을 스스로 알게 되었다. 그의 처음 죄보다도 그것 때문에 얽매였던 오점으로부터 예수께서 이제 자유케 해주심에 대하여 훨씬 더 나누고 싶어 했다. 그후 그는 이 체험이 자신의 간증이 되었다는 것을 기회가 될 때마다 전했고 그 동료목회자들은 그를 사랑하게 되었다. 그들이 체험치 못한 뭔가를 그가 소유하고 있다고 그들은 깊이 깨닫게 된 것이다. 그들은 각자의 교회에서 말씀을 전해 주도록 그를 초청했으며, 그 교단의 여러 부서에서 주역을 맡도록 그를 격려했다.

삼 년 뒤에 내가 아내와 함께 그를 다시 방문했을 때 그는 그 모든 순회를 주선해 주었다. 하나님께서 그에게 주신 예수님의 보혈의 능력에 관한 이 새로운 시각은 다른 교회와 목회자들에게도 큰 축복을 안겨 주었다. 그를 자유케 했던 바로 이 메시지를 가는 곳마다 그가 내 곁에서 통역했고, 사람들은 참으로 그 진리가 그를 자유케 했다는 것을 모두 보게 되었다. 이 얼마나 놀라운 **고엘**이며 기업 무를 자이신가! 그분은 죄만 용서하실 뿐만 아니라 그 상황까지도 변화시키셔서 우리가 잃었던 것보다 더 많은 것들을 되돌려 주신다.

구원의 확신이 식어졌는가

이 장을 끝내면서, 더 가까운 기업 무를 자가 어떻게 나올지 걱정하는 나오미가 룻에게 했던 말, 즉 우리가 이미 상고해 보았던 그 말을 다시 한번 돌이켜 보자. "내 딸아, 이 사건이 어떻게 되는 것을 알기까지 가만히 앉아 있으라. 그 사람이 오늘날

이 일을 성취하기까지는 쉬지 아니하리라."

우리는 이 말씀을 가만히 앉아서 예수께서 우리의 문제를 어떻게 회복시키시는지 신뢰하며 기다릴 필요가 있다는 것으로 적용해야 함을 이미 생각해 보았다. 우리가 말했듯이, 주님께서 쉬지 아니하시기 때문에 우리는 쉴 수 있는 것이며, 그분께 맡기는 것이 안전한 일이다. 그리고 룻 역시 그것을 깨달았다.

하지만 이 말씀의 적용에서 하나 더 중요한 것이 있다. 어떤 사람들은 수년 동안이나 그들의 구원에 확신을 잃은 사람들도 있다. 예수께로 나와 주님께서 그들의 마음에 들어오시기를 구하고 있지만, 하나님과 그들 사이의 관계가 어떤지 그들은 여전히 불투명하다. 자신들이 구원 받은 자들 속에 속한다고 스스로 분류시키기에는 여전히 자신이 없으며 그로 인해 근심에 잠기기도 한다. 그것은 근본적으로 하나님 앞에서 그들의 의에 대한 회의 때문이며 무엇이 그들의 의를 이루고 있는가에 관한 문제이기도 하다. 이런 경우 그들은 보통 더 많이 기도하고, 더 많이 사랑하며, 더 많이 봉사하고, 더 많이 베풀며, 더 많이 느끼게 되면 하나님과의 관계가 올바로 될 것이라고 생각한다. 문제는 이러한 일들을 그들이 잘 해내지 못한다는 것이다. 이러한 자들에게 "내 딸아, 가만히 앉아 있으라"라는 메시지가 동일하게 주어지지만, 완전히 동일한 것은 아니다.

그렇다. 이 말씀은 동일한 말씀이다. 발버둥치며 더 많이 노력하려 하지 말고 주님께 넘겨 드려야 하는 것이다. 하지만 그들에게 주어지는 메시지는 "그 사람이 오늘날 그 일을 성취하기까지는 쉬지 아니하리라"는 것이 아니다. 그 메시지는 그 사람 예수 그리스도께서 그 일을 **이미** 성취하셨다는 것이다. 주님께서 십자가에서 하신 일은 이미 완성된 사역이다. 당신의 모든 죄를 거두시고 하나님과의 올바른 관계를 온전히 이루시기에 충분할 만큼 말이다. 당신이 할 수 있는 그 어떤 것도 그 의를 더해 주지 못하며 더 견고히 할 수는 없다. 그의 일을 다 성취하셨기에 주님은 안식하시며, 당신도 그렇게 하기를 청하신다. "주님은 죄를 위하여 한 영원한 제사를 드리시고 하나님 우편에 앉으사"(히 10:12) 당신도 마찬가지로 앉기를 원하신다. 그러므로 그 피를 쳐다보라. 당신을 위하여 십자가 위에서 성취하신 주님의 사역과, 당신을 위하여 천국에 들어가신 주님을 바라보라. 그것을 믿고 구원받았음을 깨달아라! 쳐다보고 소생하라!

크든 작든,

죄인이 할 것은 없네, 아무것도.

예수께서 하셨네, 다 이루셨네

오래 오래 전에.

천국의 높은 보좌에서

그 일을 하려고, 죽으시려고 낮추시사

모든 것 완전히 이루셨네.

그 부르짖음 들리지 않는가.

"다 이루었다" 정말 다 이루셨네.

일점 일획까지도

죄인이여, 이것이 그대에게 필요한 모든 것이네

정말 그렇지 않는가.

예수의 공로 붙잡아라.

단순한 믿음으로

행위는 끔찍한 것이네

그 행위 죽음으로 끝나리.

쓰디쓴 그 행위 내던지라.

예수의 발아래

주님 안에 거하라, 오직 주님 안에

영광중에 다 이루셨네.

Our Nearest Kinsman

당신의
옷자락으로
나를 덮으소서

7장

해피 엔딩

"모압 여인 룻을…
나의 아내로 취하고."

* * *

보아스가 장로들과 모든 백성에게 이르되 "내가 엘리멜렉과 기론과 말론에게 있던 모든 것을 나오미의 손에서 산 일에 너희가 오늘날 증인이 되었고, 또 말론의 아내 모압 여인 룻을 사서 나의 아내로 취하고 그 죽은 자의 기업을 그 이름으로 잇게 하여 그 이름이 그 형제 중과 그곳 성문에서 끊어지지 않게 함에 너희가 오늘날 증인이 되었느니라."

성문에 있는 모든 백성과 장로들이 가로되 "우리가 증인이 되노니 여호와께서 네 집에 들어가는 여인으로 이스라엘 집을 세운 라헬, 레아 두 사람과 같게 하시고 너로 에브랏에서 유력하고 베들레헴에서 유명케 하시기를 원하며 여호와께서 이 소년 여자로 네게 후사를 주사 네 집으로 다말이 유다에게 낳아준 베레스의 집과 같게 하시기를 원하노라."

이에 보아스가 룻을 취하여 아내를 삼고 그와 동침하였더니 여호와께서 그로 잉태케 하시므로 그가 아들을 낳은지라. 여인들이 나오미에게 이르되 "찬송할지로다. 여호와께서 오늘날 네게 기업 무를 자가 없게 아니하셨도다. 이 아이의 이름이 이스라엘 중에 유명하게 되기를 원하노라. 이는 네 생명의 회복자며 네 노년의 봉양자라. 곧 너를 사랑하며 일곱 아들보다 귀한 자부가 낳은 자로다." 나오미가 아기를 취하여 품에 품고 그의 양육자가 되니 그 이웃여인들이 그에게 이름을 주되 나오미가 아들을 낳았다 하여 그 이름을 오벳이라 하였는데 그는 다윗의 아비인 이새의 아비였더라.

베레스의 세계는 이러하니라. 베레스는 헤스론을 낳았고, 헤스론은 람을 낳았고, 람은 암미나답을 낳았고, 암미나답은 나손을 낳았고, 나손은 살몬을 낳았고, 살몬은 보아스를 낳았고, 보아스는 오벳을 낳았고, 오벳은 이새를 낳았고, 이새는 다윗을 낳았더라(룻기 4:9-22).

* * *

이제 우리는 해피 엔딩까지 왔다. 온 세상이 해피 엔딩으로 끝나는 이야기를 좋아한다. 그 때문에 아마 이 룻기를 읽는 사람들이 항상 더 매력을 느끼는 지도 모른다. 이 책처럼 해피 엔딩으로 끝나는 책도 없을 것이다. 세상에 존재하는 그 어떤 이야기보다 이 책은 더 해피 엔딩으로 끝나고 있다.

우리에게도 은혜의 이야기는 마찬가지로 해피 엔딩이다. 많은 시험과 눈물, 많은 회개를 통하여 십자가에 달리신 예수께로 거듭거듭 나옴으로 우리의 문제에 필요한 회복의 작업은 완성된다.

하지만 나는 하나님의 은혜가 항상 해피 엔딩을 가져온다는 것을 말하고 싶다. 그리고 이 하나님 이야기의 해피 엔딩은 경이로움과 기쁨과 그 모든 내용의 완성에 있어서 다른 어떠한 해피 엔딩보다도 훨씬 앞선다.

시편 30:5에서 나오미가 겪어야 했던 하나님의 노염은, 아니 하나님의 교훈이라는 편이 더 좋겠지만, 잠깐이며 그의 은총은 한평생이라고 말하고 있다. 그의 손이 여러분을 누르실 때 그것은 마치 끝이 없는 것 같다. 하지만 안심하라. 여러분이 돌이켜 보면 알게 되겠지만 그것은 참으로 잠시일 뿐이다. 영원토록 지속되는 것은 그분의 은총인 것이다. "저녁에는 울음이 기숙할지라도" 나오미에게 그렇지 않았던가. "아침에는 기쁨이 오리로다." 눈물을 흘리는 밤 그 시간에 여러분은 회의에 빠져 말할지 모른다. "내 사정은 여호와께 숨겨졌으며 원통한 것은 내 하나님에게서 수리하심을 받지 못한다"(사 40:27).

하지만 당신은 용기를 내어 말해야 할 것이다. "내 영혼아, 네가 어찌하여 낙망하며 어찌하여 내 속에서 불안하여 하는고? 너는 하나님을 바라라. 나는 내 얼굴을 도우시는 내 하나님을 오히려 찬송하리로다"(시 43:5). 한점의 회한도 없이 당신을 위해 은혜가 계획해 놓은 "당신의 모든 환난을 통하여 이루신 행복한 결말들"에 당신은 반드시 도달하게 될 것이다.

그렇다. 은혜는 그러한 것들을 당신을 위해 계획해 놓는다. 그렇지 않으면 은혜가 은혜 되지 못할 것이다.

그것은 욥의 경우에도 마찬가지였다. 얼마나 많은 시험의 시간이었던가! 그는 모든 것을 다 잃는 것 같았다. 처음에는 그의 재물과 그리고는 그의 자녀들, 마지막에는 그의 건강까지도 잃었다!

하지만 그의 결국은 얼마나 아름다운가! 그가 이 모든 것들을 겪는 동안 자신을 낮추고 회개했을 때 말이다. "여호와께서 욥의 모년에 복을 주사 처음 복보다 더하게 하시니"(욥 42:12). 그의 건강은 완전히 회복되었고, 그의 소유도 이전보다 갑절이나 회복되었다.

그렇다. 첫 장과 마지막 장에 상세히 나오는 그의 가축과 짐승을 종류대로 보면, 양과 낙타, 황소와 암말들이 처음보다 정확히 두 배가 된 것을 볼 수 있다. 그의 시작은 어떤 기준으로 보아도 부유한 사람이라는 것을 우리가 알 수 있다. 하지만 그의 나중은 얼마나 부유한지 아무도 추측할 수 없을 정도가 되었다. 무엇보다 그가 전에 잃었던 열 명의 자녀를 대신해서 후에 열 자녀를 얻게 되었다. 욥기 42:15에서 그의 세 딸에 관하여 "전국 중에 욥의 딸들처럼 아리따운 여자가 없었더라"고 특별히 언급하고 있다. 그후 그의 일백사십 년의 삶은 그의 삶에서 가장 좋은 시간이었다! 하나님의 연단하시는 노염은 정말 잠깐이며, 그의 은총은 일백사십 년인 것이다! 정말로 해피 엔딩이 아닌가!

나는 여러분에게 분명하고 확신 있게 말하고 싶다. 당신은 밝은 내일을 기대해도 된다! 만약 당신이 이것을 믿으면 은혜 안에서 이 믿음이 옳았다는 것을 일어나는 일들이 입증해 줄 것이다.

우리 하나님은 해피 엔딩의 하나님이시다. 그분은 여러분의 시작보다 더 크게 이루신다(겔 36:11). 죄인의 모습 그대로 기업 무를 자의 발아래 누울 줄 아는 자에게 은혜는 궁극적으로 오직 좋은 것만을 약속해 준다. 주님은 그 자리에 가지 않는 깨어지지 않은 자에게 그러한 좋은 것들을 약속하실 수 없으시다. 하지만 우리가 오직 상하고 통회하는 심령을 취할 때 그러한 자들을 위해 계획하신 무한히 좋은 것들을 하나님은 말씀해 주신다!

그러므로 시험 중에 있는 사랑하는 자들이여, 힘을 내라. 예수께는 오직 해피 엔딩만이 있다. 그렇다. 이생에서 뿐만 아니라 우리가 그리스도와 함께 영광중에 모든 것들이 충만하며 모든 상실이 선으로 회복되는 그 희년의 시간에는 훨씬 더 그럴 것이다.

우리는 이 마지막 장에서 신부가 없던 보아스와 과부가 된 룻이 마침내 하나가 되는 것을 볼 수 있다. 고독한 두 사람이 아름다운 혼인으로 하나가 된 것이다. 룻은 외로웠을 것이다. 아주 많이 그랬을 것이다. 하지만 보아스 역시 외로웠을 것이라고 나는 생각한다. 그는 젊지 않은 나이까지 신부를 구하지 못했다. 그렇다. 그가 말했듯이 그는 룻을 얻기 위해 값을 지불해야 했다. "모압 여인 룻을 사서 나의 아내로 취하고." 하지만 그의 삶을 즐겁게 함께 할 사람을 구한 것과 비교한다면 그게 무슨 대수인가? 그뿐만 아니라 말론의 집안 토지는 보존되어 그들이 갖게 될 후사에게 상속되게 된 것이다.

이 모든 것은 훨씬 더 큰 연합, 곧 고독한 죄인과 그리고 감히 말한다면 고독한 구주와의 연합을 보여주는 희미한 그림자에 불과하다. 정말 그렇다. 교회를 이루고 있는 우리를 떠나서는 예수 그리스도는 신부가 없는 분이시다. 참으로 그렇다. 그분은 당신을 사시기 위해 기꺼이 엄청난 대가를 지불하신다. "하나님이 자기 피로 사신 교회"(행 20:28)라는 말씀을 당신은 알고 있지 않는가? 당신은 신부, 곧 불러내심을 입은 사람들 중의 하나이다. 당신이 십자가로 나오면 그곳은 고독하고 불행한 죄인이 끊임없이 신부를 찾고 계시는 구주와의 아름다운 연합을 체험하는 곳이 된다. 물론 우리가 처음 구원 받았을 때 이것을 알고 있지만 그후 이 부부의 관계 속에서 온전히 살지 못하지 않았던가? 그러나 주님의 십자가에서는 이 모든 것이 다시 새롭게 될 수 있으며, 언제든 필요할 때마다 다시 그렇게 될 수 있는 것이다.

이제 이 장면에서 사람들이 어떻게 말하는지 한번 들어보자. 그들의 관심은 정말 대단하다. 마지못해 룻을 받아들이는 그런 것이 아니다. 그들은 일이 어떻게 펼쳐졌는지 다 보았다. 그들은 이 이방 소녀의 겸손함에 경탄했으며, 또 보아스가 드디어 신부를 구했음에 기뻐했다. 더 가까운 기업 무를 자와의 일이 해결되고 보아스에게 신발이 건네지자 사람들은 보아스와 룻에게 큰 기쁨으로 환호하며 경축했다. 사람들이 한 말을 한번 주시해 보라.

"우리가 증인이 되노라!"

보아스가 사람들에게 "룻을 사서 나의 아내로 취한 일에 너희가 증인이 되었느니라"라고 말했을 때, 그들은 모두 소리쳤다. "우리가 증인이 되노라!" 사실상 히브리 원어에는 "우리가 되노라"라는 말이 없다. 그저 "증인!"이라는 한 단어를 그들이 외치고 있는 것이다. 그들은 하나님의 은혜가 이루신 아름다운 일들을 그들 스스로 증인으로 외치고 있는 것이다.

이 소리는 나로 하여금 사도행전의 말씀을 떠오르게 한다. "저에 대하여 모든 선지자도 증거하여 가로되 저를 믿는 자들이 다 그 이름을 힘입어 죄 사함을 받는다 하였느니라"(행 10:43).

이 위대한 구속을 선지자들만 증거할 뿐만 아니라 하늘에 계신 아버지께서도 친히 증인이 되셔서 들리는 음성으로 한번 이상 말씀하셨다. "이는 내 아들이요, 세상에 보낸 나의 구속자니라"(마 3:17; 17:5; 요 12:28을 보라). 아버지뿐만 아니라 다른 큰 무리도 소리친다. 이런 일들이 우리 삶 속에서 일어나는 것을 보게 되면 우리 역시 소리치게 된다. "증인!" 한 사람의 삶 속에서 은혜가 승리하는 것을 보는 것보다 우리 마음을 기쁘게 하는 것은 없을 것이다.

이제부터는 이방인이 아니다

 사람들이 하는 말을 한번 들어보자. "여호와께서 네 집에 들어가는 여인으로…." 이 이방인을 얼마나 아름답게 부르고 있는가. 모압 여인이라는 이전의 배경은 여기에 전혀 없다. 보아스와 합한 후, 말하자면 그녀에 관한 모압의 모든 것들은 사라졌던 것이다. 이후 이 책에서는 더 이상 그녀를 모압 여인이라고 부르지 않는다. 그것은 우리에게도 마찬가지이다. 우리가 그리스도와 처음 합했을 때나 그후 그분께 다시 나왔을 때, 그곳에는 우리의 슬픈 과거의 이야기는 들리지 않는 것이다. 옛사람은(그것은 이전에 있던 사람이다) 오래전에 그리스도와 함께 십자가에서 끝났다.

 이제 룻은 밭에서 보아스를 처음 만났을 때 했던 말을 더 이상 할 이유가 없다. "나는 이방 여인이어늘 당신이 어찌하여 나를 돌아보시나이까." 이제 그녀는 더 이상 이방인이 아니다. 참으로 이스라엘의 권속에 입양된 사람이다. 당신도 마찬가지로 그렇다. 주님과 올바른 관계가 회복되기까지는 다른 그리스도인들과 다르며 버려진 것처럼 느낀다. 하지만 죄인의 자리에 일단 서게 되면, 예수님을 새로이 체험하게 되어 함께 나누며 더 이상 낯선 사람으로 있지 않게 될 것이다. 당신은 주님의 주위에 함께 거하는 죄인들 중의 한 사람으로 그저 있게 된다.

이것이 다른 신자들과 교제하는 통로인 것이다. 때로 사람들은 '소외된' 것처럼 느낀다. 동아프리카에서는 부흥에 관해 의견이 다른 사람들이 가장 흔히 하는 비판 중의 하나가 부흥의 움직임은 어떤 특정인들에게 국한되었다라는 것이다. 어떤 선교사들은 그들이 다른 사람들처럼 아예 받아들여지지 않는다고 생각한다. 이유는 간단하다. 오직 한 길, 곧 죄인들의 교제의 자리에 나오지 않기 때문이다. 죄인의 자리에 서서 죄인들의 간증을 서로 나누는 그곳 말이다. 만약 우리가 이렇게만 한다면 달콤하고 자상한 교제의 현장으로 끌려 들어감을 깨닫게 되며 예수의 피가 더 깊이 우리를 인도해 줄 것이다.

저자가 처음 부흥을 누리는 형제들과 교제하기 위해 동아프리카에 갔을 때 큰 부흥집회에서 메시지를 전해 줄 것을 요청받았다. 나는 자못 놀랐다. 왜냐하면 나는 그곳에 단지 배우러 갔기 때문이었다.

내가 전하는 메시지에서 나는 세 가지 요점을 내 개인의 간증을 통하여 설명하려 했다. 내가 죄인으로서 십자가 앞에 나가야 하는 사람임을 나누면서 말이다. 내 메시지의 세 가지 요점을 하나하나 열거할 때마다 회중에서는 찬양이 터져 나왔고 나는 그들이 "투쿠텐데라자 예수"(*Tukutendereza Yesu*, 예수님, 당신을 찬양합니다)라면서 올리는 찬양이 끝날 때까지 기다려야만 했다. 내가 성경을 강해하는 동안은 "투쿠텐데라자"라는 말을 이해할 수 없었지만, 물론 당연히 귀한 찬양이었겠지만, 내가 죄인의 자리에 섰을 때 그 소리는 내게 "할렐루야, 저분도 우리와 같구나!"라고 찬양하는 것처럼 들렸다.

그렇다. 그것이 교제 속으로 들어가는 길이다. 그리고 룻처럼 바로 그때 우리는 더 이상 이방인이 아닌 것이다. 우리는 참으로 하나가 된 것이다.

라헬과 레아처럼

다음 그들이 무엇을 말하는지 한번 들어보자. "여호와께서 네 집에 들어가는 여인으로 라헬과 레아 같게 하시고." 이 두 야곱의 아내들은 이스라엘 열두 지파를 세운 근원이 되는 두 어머니였다. 이 사람들은 콧대 높은 이스라엘인들이었지만 이 여인이 그들 조상의 왕비 중 하나처럼 되어야 한다고 지금 그녀를 향해 열망하고 있는 것이다. 그리고 그것은 열망을 넘어 예언이 되었음을 알 수 있다. 우리가 이제 알게 되겠지만 그녀는 정말 라헬과 레아처럼 이스라엘의 왕가와 이스라엘의 메시아의 혈족의 한 사람이 되었다.

하나님은 오늘날도 왕자들 속에 거지들을 세우시기를 기뻐하신다. 그분께 자신이 거지임을 인정하는 그런 거지들 말이다. 실패자로 십자가 아래에 누워 "나를 덮으소서"라고 구하는 자에게 은혜는 우리의 기대를 훨씬 넘어 고결하고 거룩한 특권과 값진 사역의 영역과 그 외 많은 것들을 예비해 준다. 주님은 우리를 덮으실 뿐만 아니라 우리에게 "벗이여, 올라앉으라"고 말씀해 주실 것이다. 우리가 생각지도 기대치도 못했던 훨씬 높은 자리에 말이다.

보아스여, 유명케 되라!

그리고 사람들은 보아스에게도 특별히 소원을 빌어준다. "너로 에브랏에서 유력하고 베들레헴에서 유명케 하시기를 원하며." 예수님, 우리의 보아스가 유명해진다!

저자는 예수께서 명성을 얻으시는 것을 즐거워하며 스스로 생각하며 묻게 된다. 무엇이 주님을 유명케 할까? 착한 그리스도인들을 둘러보시고 등을 쓰다듬으시면서 "잘 하였도다"라고 말씀하시기 때문은 아닐 것이다. 그것이 주님을 유명케 하지는 않는다. 왜냐하면 등을 만져주실 만큼 그런 착한 그리스도인들을 발견하실 수 없기 때문이다!

주님은 나를 업어주시거나 당신을 쓰다듬어 주실 수 없을 것이다. 하나님께서 착한 그리스도인이라고 부르시기에는 우리 모두 철저히 자격미달인 것이다. 그분을 유명케 한 것은 바로 주님께서 구원하신 죄인들, 실패로부터 그분이 회복시키신 성도들과 끔찍스런 상황 속에서 그분이 이루신 부흥 그리고 엉망진창이 되어버린 삶 속에서 그분이 창조하신 아름답고 선한 수많은 것들로 인한 것이다. 복음서에서는 "예수의 소문"이라는 말씀이 자주 나온다. "그의 소문이 온 수리아에 퍼진지라"(마 4:24), "분봉왕 헤롯이 예수의 소문을 듣고"(마 14:1)처럼 말이다.

주님을 유명케 한 것은 그분이 부유한 사람들과 함께 식사를 한 것도 아니며 높은 사람들과 어울려 지내서인 것도 아니다. 감옥에 갇혀 있던 세례 요한에게 말씀을 전하실 때, 그 명성이 어디서 온 것인지 말하고 있다. "소경이 보며 앉은뱅이가 걸으며 문둥이가 깨끗함을 받으며 귀머거리가 들으며 죽은 자가 살아나며 가난한 자에게 복음이 전파된다 하라"(마 11:5). 꽤 잡다한 무리들이다. 특히 죽은 자들까지 끼어 있으니 말이다!

하지만 그렇기 때문에 예수께서 명성을 얻으신다. 오늘날도 주님은 우리의 양심과 영혼에 같은 일을 행하신다. 그러므로 그분이 유명케 되심이 마땅한 일이다. 당신의 참혹한 곤경 속에서 주님이 이루신 일들로 인해 명성을 얻으심을 알고 있는가?

차선이 아니다

사람들은 계속해서 말하고 있다. "여호와께서 이 소년 여자로 네게 후사를 주사 네 집으로 다말이 유다에게 낳아준 베레스의 집과 같게 하시기를 원하노라."

이 이야기의 전반적인 것은 창세기 38장에 나타난다. 그들이 다말의 위치를 언급한 것은 그녀의 경우도 룻과 비슷하기 때문이다. 그녀도 유다의 아들 중 한 사람과 결혼을 했지만 자식이 없이 남편이 죽었다. 그녀도 구약의 이 **고엘**의 법에 의지했던 또 한명의 과부였다. 그 가족의 한 사람이 그 남편의 이름으로 씨를 줌으로써 베레스가 태어났다. 바로 그로부터 이어지는 긴 구별된 가계에서 보아스가 나온다.

그들이 이 말을 한 것은 아마도 룻에게는 두 번째 결혼이었기 때문에 보아스와 룻이 그녀의 첫 번째 결혼보다는 못한, 소위 "차선책"이라고 생각할까봐 염려해서 그렇게 말했을 것이다. 하지만 결코 차선책이 아니라고 사람들은 말한다. 이 결혼이 베레스의 집을 세운 다말과 같이 결실이 있고 소중한 것이라고 말이다.

이것을 영적으로 적용해 보자. 어떤 사람들은 큰 실패를 맛보고 인생의 늦은 시기에 주님께 나온다. 그래서 그들이 주님께로부터 받는 것들은 차선의 것들이라고 생각하는 경향이 있다.

이런 생각을 믿도록 내버려 두어서는 안될 것이다! 최선의 다음 것이라? 물론 두 번째 것이긴 하지만 시간적으로 그럴 뿐이지 질적으로 그런 것은 결코 아니다. 하나님께서 당신을 향한 첫 번째 계획을 당신이 정말 망쳐버렸다고 치자. 하지만 그분이 패배한 것은 아니다. 주님은 새로운 상황을 대비해 두시고 두 번째 계획을 세워 놓으신다. 그분의 두 번째 계획이 첫 번째 것보다 못하다고 말하는 당신은 누구인가?

두 번째 **최선**(second best)이라는 말을 한번 보라. 그것은 여전히 최선(best)인 것이다. 당신을 위한 **그분**의 최선책인 것이다. 하나님은 "깨어져 몸부림치는 것"밖에 그분께 드릴 것이 없는 자들의 삶 속에서 경이로운 것들을 창조해 내신다. 우리에게 누군가 다말의 처지를 말해 주다니 얼마나 위로가 되는가. 우리와 똑같은 그녀의 상황 속에서도 그 삶을 통해 뭔가 "아름답고 선한 것들"이 맺어지고 있으니 말이다. 우리의 과거든 현재든, 그것이 무엇이든, 하나님의 은혜 앞에 그것들은 결코 장애물이 될 수 없는 것이다.

그리스도의 혈통

이 모든 일이 이렇게 일어난 것이다. 하나님은 그녀의 삶을 정말로 라헬과 레아처럼 만드셨고 그 집을 베레스의 집처럼 되게 하셨다. 그녀가 보아스와 연합함으로 오벳이 태어나게 되었다. 그는 이어 이새의 아버지가 되었고, 이새는 다윗의 아버지가 되었다. 육신으로 다윗의 가계와 혈통에서 세상의 구주가 되신 예수 그리스도가 나셨다. 아무런 기업도 없던 가난에 찌든 이 젊은 이방 과부에게 그 기업의 회복은 물론이고 보아스의 아내가 되어 메시아가 나오실 혈통의 한 자리를 차지하게 되었다. 사람들의 열망이 예언이 되었음이 이렇게 실제로 입증된 것이나.

룻기의 마지막 부분에 보면 다윗의 가계가 나온다. 메시아까지의 전반적인 계보는 마태복음 1장에서 나오게 된다. 계보라는 것은 히브리인들에게는 구약에서 항상 중요하게 인식되어지고 있다. 예수 그리스도의 육신적 혈통을 추적하고 있는 신약에서의 이 계보는 히브리 그리스도인들에게는 아주 중요한 것이다. 무엇보다도 특히 그것은 예언되어진 대로 그가 아브라함과 다윗을 거쳐 내려온 메시아라는 주장을 사실화하는 기록적 증거가 되기 때문이다.

히브리 계보는 일반적으로 부계의 이름만 언급되므로 여자가 그들 속에서 언급되지 않는 것이 보통이다. 하지만 우리가 이 계보의 명단을 눈여겨 살펴보면, 의도적으로 관습을 깨고 그 속에 네 명의 여자 이름이 등장함을 볼 수 있다. 그 중의 한 명이 룻이다. 이 사실이 지닌 특별한 의미는 세상적인 관점에서 보면 이 여인들이 각각 소위 말하는 "부적격자" 곧 사람들 앞에서 오점이 있는 사람들이라는 것이다.

제일 처음 언급되는 여자가 다말이다(마 1:3). "유다는 다말에게서 베레스와 세라를 낳고." 우리가 이미 말했듯이 가족의 한 사람이 **고엘**의 책임을 감당함으로써 그녀를 위해 후사가 나왔다. 여기서 우리가 짚고 넘어가야 되는 것은 이 경우는 그 형제 중의 한 사람이 그 책임을 거절했기 때문에 그녀의 시부가 그 역할을 했다는 점이다. 이런 일이 벌어진 것은, 거룩한 경에 가감 없이 기록된 대로, 결코 감미로운 이야기가 아니며 등장하는 인물들도 칭찬 받을만한 인물들이 아니다. 특히 다말은 더욱 그러하다. 하지만 그녀는 그곳에 자리하고 있다. 예수 그리스도의 계보에 말이다.

두 번째 나오는 여인이 라합이다(마 1:5). "살몬은 라합에게서 보아스를 낳고." 이 여인은 여리고가 점령되기 바로 직전에 여호수아의 정탐꾼들을 숨겨 주었던 그 창기 라합을 말한다. 그녀는 그 행동으로 자신의 목숨만 구했을 뿐 아니라 이스라엘 백성 중의 한 자리를 얻게 되었고, 그들 중의 한 사람 살몬과 결국 결혼하게 되며 그는 보아스의 아버지가 된다. 그렇다. 보아스의 어머니는 이방인이었을 뿐만 아니라 창기였던 여인이었다. 아마도 그 때문에 보아스는 히브리인들 속에서 신부감을 구하기 힘들었을지도 모른다.

세 번째로 언급되는 여인이 룻이다(마 1:5). "보아스는 룻에게서 오벳을 낳고." 그녀의 이름에는 아무런 윤리적 오점이 없다. "네가 현숙한 여자인줄 나의 성읍 백성이 다 아느니라"고 보아스가 말한 것처럼 말이다. 하지만 그녀는 이방인으로서 일반적으로 이스라엘의 권속과는 외인으로 취급되며 약속의 언약으로부터 벗어난 자였다.

네 번째 나오는 여인이 밧세바이다(마 1:6). "다윗은 우리야의 아내에게서 솔로몬을 낳고." 다윗은 연약해졌을 때에 어떻게 간음죄에 그녀가 연류되었는지 그 수치스런 이야기를 우리 모두가 잘 알고 있다.

이 네 명의 여인이 이 계보에 끼여 있는 것을 통해 우리는 무엇을 알 수 있는가? 오래전 어느 주석가가 이 본문에 관하여 말한 바가 있다. "그것은 죄인들도 그리스도의 한 몫을 차지할 수 있음을 보여준다. 죄인들이 그리스도의 조상 중에 들어 있다면, 그의 후손들 중에도 죄인들이 설 자리가 있다는 것이다." 그리고 저자도 그 죄인들 중의 한 사람이다!

하지만 그의 육신적 계보 속에 분명 이러한 "연약함"이 자리하고 있음에도 불구하고 그의 완전한 신성과 무죄성은 때 묻지 않는다. 왜냐하면 그는 마리아의 복중에서 남자에 의해서가 아니라 성령에 의해서 잉태되었으며 죽은 자 가운데서 부활하심으로써 능력으로 하나님의 아들로 인정되셨기 때문이다. 그러면서도 그는 죄인들의 기업 무를 자가 되신다.

나오미의 손자

이제 우리가 살펴볼 마지막 부분을 보자. 룻에게 아들이 생겼을 뿐만 아니라 이제 나오미에게도 손자가 생긴 셈이다. 이 책은 슬픔에 빠진 나오미로 시작해서 얼굴에 웃음꽃을 가득 피우고 있는 나오미로 끝난다. 그녀가 보리라고는 생각지도 못했던 어린 손자를 품에 안은 채 말이다. 그녀의 얼굴은 눈물에 젖어 있지만 그것은 기쁨의 눈물이다. 그녀의 이웃들도 그녀처럼 환희에 떨며 말하고 있다. "나오미가 아들(손자라는 편이 낫다)을 낳았다."

실상 핏줄로 치자면 이 아이는 결코 그녀의 손자가 될 수 없다. 말론의 아들만이 그럴 것이다. 하지만 이 **고엘**의 은혜로운 규례에 의해서, 보아스와 룻에게서 태어난 아이는 그녀의 손자로 인정되며 그녀의 아들의 토지를 물려받게 된다. 그녀는 어린 아기를 품에 흔들면서 끝없는 기쁨에 빠진다.

이제 이 여인들이 무슨 말을 하는 지 더 들어보자. 그 속에는 우리가 배워야 할 것들이 들어있다. "찬송할지로다. 여호와께서 오늘날 네게 기업 무를 자(**고엘**)가 없게 아니하셨도다. 이 아이의 이름이 이스라엘 중에 유명하게 되기를 원하노라." 바꾸어 말하자면, 그녀의 앞날에 어떠한 손실이 그녀의 소유에 발생한다 할지라도 이 아이가 자라면서 그것들을 회복시킬 기업 무를 자가 항상 존재하게 된다는 말이다. "이는 네 생명의 회복자요 네 노년의 봉양자라." 더 이상 그녀는 가난의 가시를 두려워할 필요가 없게 되었다.

이 이야기는 우리에게 어떻게 계속적인 부흥과 우리가 서 있는 이 은혜를 어떻게 끊임없이 체험할 수 있는가에 대해 말해 주고 있다. 그것은 지금 우리가 보는 것처럼 주님께서는 우리를 기업 무를 자가 없는 채로 버려두지 않으심으로 가능해지는 것이다. 그를 통하여 "우리 생명의 회복자요 우리 노년의 봉양자"가 되게 하신다. 일이 잘못되며 우리의 영적 삶이 기울어진다 해도 그곳에 예수께서 언제나 계셔서 우리가 그분께 나아가기만 하면 잃어버린 것들을 회복시키실 준비를 항상 하고 계신다.

주님의 보혈은 효험을 잃는 법이 결코 없다. 한 사람의 생명이나 아니면 지체들의 생명 속에서 끝없는 부흥이 나타나는 그런 곳에는 죄를 **죄**라고 인정하는 끊임없는 고백과 우리를 자유케 하는 보혈의 능력이 항상 예비되어 있는 것이다. 그분은 참으로 우리의 기업 무를 자이시며 우리 삶의 끊임없는 회복자시다.

이 이야기는 눈부신 기쁨에 찬 나오미의 얼굴과 과거에 잃어버린 모든 것들을 통해 맺어진 아름다운 결실 그리고 확신에 찬 미래로 끝나고 있다.

"아!" 그녀는 말한다.

"이게 바로 해피 엔딩이구나. 해피 엔딩."

이제 우리도 이 룻기의 섬세한 이야기를 접기로 하자. 룻은 우리의 시야에서 사라지고 보아스와 나오미도 사라진다. 하지만 우리 주 예수 그리스도, 우리의 기업 무를 자께서는 언제나 우리의 시야를 가득 채우고 계신다.

제시 펜 루이스 시리즈

사단은 성도를 어떻게 속이는가?
War on the Saints
전의우 옮김/ 신국판/ 280면

본서는 하나님의 임재, 권능, 환상, 은사 등을 위조하는 사단의 속임수에 대해 낱낱이 고발하며 성도가 영적 분별력을 가지고 사단의 속임수를 식별하길 권고한다.

갈보리 십자가 *The Cross of Calvary*
채천식 옮김/ 46판/ 184면

본서는 성경에서 말해주는 갈보리 십자가의 의미를 해석해 주며, 다수의 성도가 무심결에 잊고 지내는 십자가의 첫사랑을 다시금 일깨우도록 도와준다.

토마스 왓슨 시리즈

회개 *Repentance*
이기양 옮김/ 46판/ 184면

새의 두 날개와 같이 성도에게 절대적으로 필요한 은혜가 있다면, 그것은 믿음과 회개일 것이다. 본서는 이 두 날개 중의 하나인 회개에 대해 자세하고 심층 있게 설명해 준다.

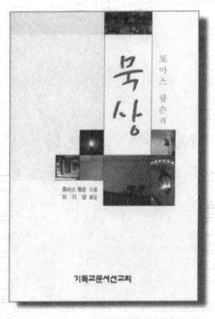

묵상 *Gleaning from Thomas Watson*
이기양 옮김/ 46판/ 160면

본서는 토마스 왓슨의 저서 중에서 정선된 영적인 보석들과 짧은 금언들의 수집서로서, 독자들로 하여금 하나님의 은혜의 깊은 샘을 경험하도록 도와준다.

앤드류 머레이 시리즈

순종 *The School of Obedience*
김문학 옮김/ 46판/ 144면

본서는 성경에서의 순종의 위치, 그리스도의 순종, 참된 순종의 비결 등을 다룸으로 순종하는 생활의 영적 특성과 그 절대적인 필요성 그리고 실제적인 가능성을 중요한 요점으로 간략하게 종합한다.

겸손 *Humility*
강철성 옮김/ 46판/ 152면

본서는 겸손이야말로 우리의 진정한 고결함이라는 사실과 모든 사람의 종이 되는 것이 하나님의 형상으로 창조된 우리의 운명을 가장 고귀하게 성취하는 것이라는 사실을 깨닫게 한다.

헌신 *Absolute Surrender*
이용태 옮김/ 46판/ 184면

본서는 현대교회가 가장 시급히 해야 할 일은 온전한 헌신임을 잘 설명한다. 하나님의 일꾼은 재능이 있고 똑똑한, 소위 사회적 지위와 명성을 가진 자가 아니라 전적으로 헌신된 자임을 말해준다.

하나님의 치유 *Divine Healing*
장진욱 옮김/ 46판/ 304면

본서는 머레이 자신의 경험을 통해 성경이 질병에 대해 어떻게 말하고 있으며 우리가 그리스도 안에서 어떻게 하나님의 치유를 받을 수 있는지 설명해 준다.

Andrew Murrey

당신의 옷자락으로 나를 덮으소서
Our Nearest Kinsman

2011년 12월 10일 초판 발행

지은이 로이 헷숀
옮긴이 정갑중

펴낸곳 사)기독교문서선교회
등 록 제16-25호(1980. 1. 18)
주 소 서울시 서초구 방배3동 983-2
전 화 02) 586-8761~3(본사) 031) 923-8762~3(영업부)
팩 스 02) 523-0131(본사) 031) 923-8761(영업부)
www.clcbook.com
clckor@gmail.com
온라인 국민은행 043-01-0379-646, 기업은행 073-000308-04-020
예금주: 사)기독교문서선교회

ISBN 978-89-341-1168-9(03230)

낙장·파본은 교환해 드립니다.